UN COIN

DE LA

COLONISATION PÉNALE

BOURAIL EN NOUVELLE-CALÉDONIE

1883-1885

Par

Le Docteur Gaston NICOMÈDE

Médecin de la Marine.

ROCHEFORT-SUR-MER
SOCIÉTÉ ANONYME DE L'IMPRIMERIE CH. THÈZE, RUE CHANZY, 123.

1886

UN COIN

DE LA

COLONISATION PÉNALE

BOURAIL EN NOUVELLE-CALÉDONIE

1883-1885

Par

Le Docteur Gaston NICOMÈDE

Médecin de la Marine.

ROCHEFORT-SUR-MER
SOCIÉTÉ ANONYME DE L'IMPRIMERIE CH. THÈZE, RUE CHANZY, 123.

1886

INTRODUCTION

HISTORIQUE

Depuis quelques années, les événements ont ramené l'attention publique, en France, vers deux grands problèmes sociaux et économiques : la Colonisation et la Pénalité. Les expéditions en Tunisie, à Madagascar et au Tonkin, d'une part ; de l'autre, les discussions sur la *relégation* des récidivistes ont remis à l'ordre du jour les questions coloniale et pénitentiaire, trop longtemps laissées dans l'ombre. Il y a plus de trente ans que la France transporte hors de son territoire continental les condamnés aux travaux forcés. La loi du 30 mai 1854 a imposé un exil perpétuel aux malfaiteurs condamnés à plus de sept ans de travaux forcés ; elle leur a fermé à jamais les portes de la métropole. En revanche, elle a adouci les rigueurs de leur régime ; elle a fait entrevoir aux condamnés repentants la perspective d'avoir des concessions de terrains, de devenir des colons, presque des hommes libres. Le législateur de 1854 a poursuivi un double but : exiler à jamais les malfaiteurs du territoire français ; secondement, mettre à profit l'immigration des transportés pour aider au développement des colonies pénitentiaires, en un mot tenter la colonisation pénale.

Les tentatives ont échoué à la Guyane française, qui, pendant douze ans, de 1852 à 1864, a été la seule colonie pénitentiaire. L'insuccès a des causes multiples, parmi lesquelles il faut signaler, en première ligne, l'insalubrité du climat ; on pourrait y ajouter la dispersion, loin de Cayenne, des établissements créés par l'administration pénitentiaire et l'état de décadence de la colonie. La transportation des condamnés en Nouvelle-Calédonie fut décidée par un décret du 2 septembre 1863. La Nouvelle-Calédonie était alors un pays nouveau, occupé sur quelques points à peine depuis dix ans, situé aux Antipodes ; son climat, quoique chaud, était salubre ; l'île, sans être complètement connue, offrait une étendue et des ressources suffisantes. Le lieu de transportation semblait bien choisi. Le premier convoi de condamnés arriva à Nouméa, le 9 mai 1864. Le gouverneur de la Nouvelle-Calédonie était alors M. le capitaine de vaisseau (depuis contre-amiral) Guillain, intelligent, énergique, mais quelque peu utopiste. A part la presqu'île de Nouméa, la France n'occupait que quelques postes militaires sur les deux côtes. Le budget et les bras de la transportation ne pouvaient être mieux employés qu'à étendre le rayon de l'occupation française. Bientôt l'île Nou, où était installé le pénitencier-dépôt, devenait trop étroite pour contenir les nombreux convois qui vidaient les bagnes de France ; il fallait à l'administration pénitentiaire de nouveaux territoires pour y évacuer ses condamnés et y faire, suivant l'esprit de la loi de 1854, un essai de colonisation pénale.

Les Vallées de *Bourail* parurent propres à l'établissement d'un pénitencier agricole, autour duquel se grouperaient peu à peu les concessions, c'est-à-dire les lots de terrains cédés par l'administration, avec faculté de les travailler pour leur propre compte, « aux « condamnés qui se seraient rendus dignes d'indulgence par leur « bonne conduite, leur travail et leur repentir. »

Si l'on en juge par les restes des forêts qu'à épargnés la hache et le sabre d'abattis, et qui n'ont pas été drainés par de profonds fossés, le territoire de Bourail, c'est-à-dire le bassin de la Néra et de ses affluents, devait, avant l'occupation française, consister en un immense marais recouvert d'une végétation puissante, borné par une haute ceinture de montagnes dénudées. Les indigènes qui habitaient ce bassin ne paraissent pas avoir tenté de cultiver ces plaines basses, inondées, pourtant si fertiles. Ils formaient deux groupes distincts : 1° la tribu montagnarde de Ni, du nom de son principal village ; elle occupait les contreforts de la chaîne centrale de partage des eaux et habitait les villages de Ni, Poté, Azzareu, Bouchegaou et Bouierou ; son chef de guerre était Kaoupa, très hostile aux Français ; 2° le groupe du littoral comprenant : Gouaro, sur la rade de Bourail ; Néra, sur la rivière du même nom, sur sa rive droite, à 4 kilomètres de la mer, et les petites tribus de Ménifou, du Petit et du Grand Nékou, postées sur la petite chaîne de collines qui sépare le ruisseau de la Kouri du bassin de la Néra. Ces deux groupes de tribus étaient en guerre ; les chefs de Gouaro, Néra et Nekou demandèrent, en 1867, l'appui des Français contre leurs ennemis, les *Tayos* de Ni. Le gouverneur Guillain donna l'ordre d'explorer la vallée de Bourail, et, quelques jours après, d'occuper un point favorable sur la Néra. Le petit détachement vint s'installer (juin 1867) non loin du confluent de la Kouri, à un endroit qui servait de marché d'échanges entre les indigènes de la montagne et ceux du littoral. Ces marchés, en langue canaque, se nomment *pirés*. Le nouvel établissement avait pour directeur M. Lacroix, agent de colonisation. A la suite d'une attaque des indigènes de Ni contre le nouveau camp, on se décida à contourner le mamelon qui sépare la gorge de la Kouri du bassin principal et à s'installer sur la pente qui regarde le Nord-Est; de ce point on dominait la plaine où convergent les trois vallées secondaires de Bourail. On construisit quelques maisons, et on défricha les terrains qui de la colline s'étendent jusqu'à la rivière Ari. De nouveaux condamnés vinrent renforcer le premier détachement; le poste contenait de plus une petite garnison d'infanterie de marine, des fonctionnaires et des agents de l'administration pénitentiaire : Bourail était fondé.

Le nouveau centre grandit et prospéra rapidement. On avait vite reconnu l'excellente qualité des terres d'alluvion qui forment le fond des vallées de Bourail; on avait devant soi plusieurs milliers d'hectares de premier choix. Les premières concessions furent distribuées en 1870. Elles furent prises sur les terrains de la plaine qui s'étend en face du village de l'autre côté de la rivière Ari.

Le développement de Bourail fut inquiété et compromis deux fois, en 1868 et en 1878, par les attaques des tribus canaques voisines.

En 1868, les indigènes de Ni tentèrent d'incendier le village en formation. Cette audace ne resta pas impunie : une colonne, sous les ordres de M. Mathieu, lieutenant de vaisseau, ravagea les tribus révoltées et emmena en otage plusieurs guerriers, parmi lesquels était compris Kaoupa. Nous avions comme auxiliaires dans cette expédition, les Tayos de Gouaro, de Néra et de Nékou.

En 1878, pendant la grande insurrection canaque qui avait pour foyer d'origine la tribu du chef Ataï, dans la vallée de La Foa, à cinquante kilomètres de Bourail, les tribus du littoral prirent part au mouvement insurrectionnel. Les Canaques insurgés n'osèrent pas attaquer le poste militaire et le village, mais ils livrèrent au feu et au pillage les concessions éloignées, et massacrèrent les condamnés concessionnaires qui n'avaient pas cherché un refuge à Bourail même ou dans les petits postes militaires créés en avant du village dans chaque vallée. La révolte fut réprimée avec vigueur : les villages de Gouaro, Néra, Ménifou, petit et grand Nikou furent brûlés, la population dispersée, le territoire confisqué. Dans mes promenades aux environs de Bourail, j'ai visité souvent les emplacements de ces villages canaques détruits pendant l'insurrection de 1878. A Ménifou et à Nikou, les cases des indigènes étaient bâties dans de frais vallons, plantés de bouquets de cocotiers, où la terre est recouverte d'un épais gazon. Je retrouvais encore les *tabous* érigés par les Canaques, le sol battu et de forme circulaire où s'élevait la case, et au milieu du cercle les deux pierres du foyer. Les Calédoniens avaient combattu pour leur indépendance, *pro aris et focis*. Ils n'auraient pas été vaincus s'ils avaient pu opposer de meilleures armes que leurs casse-tête et leurs frondes aux fusils de nos soldats ; dans leur langage ils désignent nos troupiers sous le nom de *Tayos-fusils*. Pendant l'insurrection de 1878, les tribus de Ni nous restèrent fidèles. Plusieurs de leurs guerriers firent même colonne avec l'infanterie de marine ; et j'en ai connu à Ki-Koé qui, pendant la campagne, avaient appris des chansons de marche, d'ailleurs fort peu sentimentales : sans les comprendre, ils les répétaient à tout propos et à tout venant, de leur voix gutturale.

Aujourd'hui la question canaque n'existe plus que secondairement pour Bourail ; toute la côte Ouest jusqu'à Koné, c'est-à-dire à plus de cent kilomètres, est débarrassée des Canaques ; du côté de l'intérieur, il faut aller jusqu'à Ni ou dans le haut de la vallée de Boghen pour rencontrer des indigènes. Bourail peut poursuivre en paix son œuvre de développement.

CHAPITRE Ier

GÉOGRAPHIE

§ 1. — Géographie physique.

Bourail est situé en Nouvelle-Calédonie, sur le versant de la côte Ouest, dans le 3e arrondissement administratif, dont le chef-lieu est Houailou, à peu près à égale distance du nord et du sud de l'Ile. Par le chemin de terre on compte 180 kilomètres pour se rendre de Bourail à Nouméa.

Le village, qui est le centre de la colonie pénitentiaire, s'allonge sur les pentes d'un coteau, près de la rivière Ari et sur sa rive droite, à 8 kilomètres de la mer, à 15 ou 20 kilomètres des massifs de la chaîne de partage des eaux. Sa position exacte est déterminée par les données suivantes :

Longitude E.................... 163° 09′ 44″46
Latitude S..................... 21° 33′ 41″30

(cour du service des ponts et chaussées, au bas du mamelon sur lequel est bâti le blockhaus de l'infanterie de marine, d'après les travaux de la Mission militaire topographique).

Considéré dans son ensemble, le territoire de Bourail est une patte d'oie ; c'est le point de convergence, la réunion de trois vallées étroites, bornées par de hautes montagnes, dont les rivières, descendues des massifs de la chaîne centrale, se réunissent dans la plaine qui s'étend devant le village de Bourail, et s'écoulent vers la mer par la gorge de la Néra. Ce fleuve, de 10 à 12 kilomètres de parcours, formé par la réunion de toutes les rivières du bassin, se fraie, au sortir de la plaine de Bourail, un étroit passage à travers les monts élevés qui la ferment vers le Sud. Vue à quelque distance, la ceinture qui enserre la triple vallée et son épanouissement semble ininterrompue ; on est au centre d'un cirque, d'un entonnoir : Bourail est une cuvette.

Pour connaître le bassin de Bourail, il faut donc étudier : 1º les trois vallées qui convergent vers Bourail ; 2º la plaine de Bourail ; 3º la gorge et l'embouchure de la Néra.

Les trois vallées sont : à l'Ouest, la vallée de Néméara, arrosée par la Douhinsheur ou rivière de Ni ; vers le Nord, la vallée et la rivière de Pouéo ; vers l'Est, la vallée et la rivière de Boghen, qui se grossit à droite de la Téné.

La Douhinsheur prend sa source dans les montagnes de la chaîne de partage des eaux, qui, du Me-Boa (869 mètres d'altitude) à l'Ouest jusqu'au Me-Bouegna à l'Est, forment une chaîne de forme demi-circulaire, connue sous le nom d'Amphithéâtre de la Douhinsheur. Elle naît sur le territoire de la tribu de Ni, par la réunion de ruisseaux, descendus en cascade des hauteurs de la chaîne centrale ou de ses contreforts. C'est là, aux sources de la Douhinsheur, qu'on peut admirer, dans toute sa splendeur, la végétation de la montagne calédonienne quand ses pentes sont bien arrosées. Au fond des ravins, sur le flanc des collines, s'élèvent des bois de superbes fougères arborescentes, des banians aux cent troncs, des pins élancés. Les sources, toujours fraîches, ont été captées par les Canaques pour arroser leurs belles tarodières. Leurs cases émergent à peine de nids de verdure, entourées d'un tapis de gazon épais, cachées sous les frondaisons des cocotiers, des bananiers, des pommiers sauvages. Après avoir arrosé Poté, la Douhinsheur reçoit à droite le ruisseau d'Azzareu, et traverse pendant un cours de 8 à 9 kilomètres un plateau aride, légèrement ondulé, où ne poussent guère que des niaoulis. A partir de l'établissement de la Ferme-Ecole, à 9 kilomètres de Bourail, la rivière s'engage dans la vallée de Néméara, étroite, sinueuse, mais formée de terres d'alluvion très propres à la culture. Là commencent les premières concessions. Elles sont souvent coupées de marais profonds, bornées par des coteaux, aux pentes très raides, aux flancs dénudés. Ces collines pelées, sillonnées de rigoles pluviales, forment un contraste remarquable avec les contreforts de la montagne de Ni, où la végétation est si belle et si grandiose. La rivière de la Douhinsheur coule du N.-O. au S.-E. ; mais, à partir du 4º kilomètre en amont de Bourail, elle change brusquement de direction et se dirige de l'Ouest à l'Est. La

Douhinsheur passe devant l'usine sucrière, coule sous le pont en pierres de Bacouya et se joint, vers l'extrémité Est du village de Bourail, à la rivière de la Pouéo pour former l'Ari. La Douhinsheur n'a pas d'affluents à gauche ; mais, à droite, elle reçoit le ruisseau d'Azzareu, quelques autres petits ruisseaux et le Porognono, qui coule dans la vallée secondaire où était l'ancienne tribu du Grand Nékou, et qui tombe dans la Douhinsheur au moment où elle fait un coude pour se diriger de l'Est à l'Ouest. La rivière de Douhinsheur a de 20 à 25 kilomètres de parcours, et une largeur moyenne de 20 mètres.

La vallée de la Pouéo, située à l'est de la vallée de Néméara et séparée d'elle par le Me-Bouegna et le mont Koui, a une direction générale du N. au S. et assez rectiligne ; elle s'ouvre, vers le Nord, par un débouché étroit, au fond duquel l'horizon est fermé par les profils de la chaîne centrale. La rivière de Pouéo n'est pas plus grosse que la Douhinsheur ; mais la vallée est plus large et plus fertile. La Pouéo naît dans la chaîne centrale, près du village canaque de Bouierou ; elle coule d'abord dans un lit large et caillouteux ; elle pénètre dans le territoire du pénitencier, à 9 kilomètres de Bourail. Elle serpente dans une plaine fertile, couverte de beaux champs de maïs, reçoit à gauche le ruisseau de Nekougouao, et vient se joindre à la Pouéo dans la plaine de Bourail.

L'Ari, formée par la jonction des deux rivières la Pouéo et la Douhinsheur, coule de l'Ouest à l'Est, dans la plaine de Bourail. Sa direction générale est parallèle à l'axe du coteau sur lequel est bâti le village de Bourail. Après un cours de 2 kilomètres, elle tombe dans la Boghen ; la réunion de ces deux rivières forme le petit fleuve la Néra.

La Boghen est une rivière plus importante et plus rapide que la Douhinsheur et la Pouéo ; son débit d'eau est plus considérable que celui des deux autres rivières réunies. Elle naît dans le 2e arrondissement, aux massifs de la Table-Unio, coule de l'Est à l'Ouest ; son affluent le plus remarquable est à droite la rivière de Téné, aux eaux limpides, qui se jette dans la Boghen, à 6 kilomètres en amont de Bourail.

La vallée de Téné est parallèle à celle de Pouéo, mais elle n'en a pas la fertilité : le terrain y est argilo-ferrugineux, et peu propre à la culture. Après avoir reçu la Téné, la Boghen traverse une belle plaine appelée Boghen sur la rive droite, et Trazégnies sur la rive gauche. Elle reçoit l'Ari, et prend alors le nom de Néra.

La plaine de Bourail est un cirque, une cuvette profondément encaissée, communiquant avec la mer par la gorge de la Néra, ouverte du côté de la chaîne centrale par les trois vallées en forme d'éventail qui viennent la constituer par leur épanouissement. De la plaine on n'aperçoit vers l'Ouest que le sommet du Me-Boa, dont les flancs sont masqués par les contreforts secondaires ; du côté seulement de la vallée de Pouéo, dont la direction est moins sinueuse, on peut voir de Bourail, la puissante muraille de la chaîne centrale. La plaine de Bourail a 4 kilomètres de longueur, de l'usine sucrière aux limites de Trazégnies, sur une largeur d'à peu près un kilomètre.

La Néra commence dans la plaine de Bourail par la jonction de l'Ari et de la Boghen ; ces deux rivières, venant l'une de l'Ouest à l'Est et l'autre de l'Est à l'Ouest, semblent s'aboucher à plein canal et forment la barre horizontale d'un T, dont la Néra représenterait la barre verticale. La Néra coule du Nord au Sud, baigne à gauche le domaine de Trazégnies, reçoit à droite le torrent de la Kourie, et peu après s'engage dans l'étroit défilé situé entre les monts Népaurou à l'Est et les monts Nikou à l'Ouest. Elle passe devant le territoire de l'ancienne petite tribu de Néra et se divise en deux branches, reliées entre elles par plusieurs canaux. Il y a quinze ans, ces deux branches se jetaient à la mer ; leur écartement constituait un petit delta, triangle à peu près équilatéral, de deux kilomètres de côté, composé d'îles basses, marécageuses, bordées de palétuviers. La branche de droite tombait dans la mer à la Roche-Percée ; elle est aujourd'hui complètement obstruée par les sables. Les deux limites de la base du delta sont marquées vers l'Ouest par une falaise abrupte, où la mer a creusé des grottes, des arcades, au-devant desquelles se dresse un bloc en forme de tour, c'est la Roche-Percée ; à l'Est, la Néra, au moment de se terminer à la mer, longe les flancs d'un coteau aride, contrefort des monts Népaurou. La plage qui relie la Roche-Percée à l'embouchure de la Néra, près de laquelle est installé le poste de la mer, est constituée par un sable fin, soigneusement lavé par la lame : si la marée est trop haute ou si le soleil est trop ardent, on peut laisser la plage et suivre le chemin sous bois qui mène de la Roche-Percée au poste de la mer ; l'on avance avec peine dans le terrain sablonneux, mais le bois est touffu, l'ombre épaisse et le sentier est bordé, à droite et à gauche, de cycas élégants.

La navigation dans la Néra, est difficile ; la marée s'y fait sentir dans tout son parcours ; mais son lit, très profond à certains endroits, est obstrué par des bancs de sable, qui se déplacent à chaque inondation. A marée basse, une baleinière échoue très souvent en remontant la rivière. Les difficultés sont encore augmentées par la barre, située à l'embouchure de la Néra. Elle est quelquefois dangereuse, quand soufflent les vents d'Ouest ; les bateaux qui calent plus de deux mètres, ne peuvent la franchir.

Les navires, à cause de la barre, sont obligés de jeter l'ancre dans la rade de Bourail, où le mouillage est peu sûr et de très mauvaise tenue par les vents d'Ouest ; le débarquement des marchandises s'opère au moyen de chalands, qui franchissent la barre et remontent la rivière en attendant la marée favorable. La rade de Bourail est fermée par une ceinture de récifs, coupée par la passe dite de Bourail. Pour se rendre soit à Téremba, dans le S.-E, soit à Mouéo, dans le N.-O., on est obligé de franchir la passe et de sortir du récif.

A l'est de l'embouchure de la Néra, et séparée d'elle simplement par une colline, dernier contrefort du massif de Népaurou, on remarque l'embouchure de la rivière de Nessadiou, qui se jette dans la rade de Bourail. La Nessadiou est un torrent qui prend sa source au Me-Oué ; il coule parallèlement au cours de la Boghen et de la Néra ; sa vallée est très étroite et séparée du bassin de la Néra par le Népaurou. A quatre kilomètres de son embouchure, la rivière devient plus profonde à cause de la marée qui s'y fait sentir jusqu'à cette distance ; les caboteurs peuvent la remonter sur un parcours de un à deux kilomètres et y trouveraient un mouillage sûr. Les bords de la Nessadiou étaient habités par une tribu canaque, qui fut dispersée lors de l'insurrection de 1878. En 1883, on y a installé 40 concessionnaires.

En suivant le tour de la rade de Bourail, vers le N.-O., après avoir dépassé la Roche-Percée et franchi quelques mamelons projetés par le Nekou, on arrive à Gouaro, petite plaine plantée de superbes cocotiers, autrefois habitée par une tribu qui, elle aussi, en 1878, dut abandonner ses pénates. Il y a maintenant à Gouaro quelques libérés concessionnaires.

Le territoire de Bourail est, d'ailleurs, comme la Nouvelle-Calédonie, en général, un pays très montagneux ; mais, à Bourail, les vallées alluvionnaires renferment 4,000 hectares de terres à cultures d'une fertilité remarquable. Les sommets les plus élevés aux environs de Bourail sont le Me-Boa à l'ouest de l'amphithéâtre de la Douhinsheur (869 m), et les Trois-Frères, à l'ouest des monts Nekou, aux sources du torrent de la Kouri (800 m). La ceinture du bassin de la Néra est formée, du Sud-Est au Nord-Ouest, depuis les massifs de la Table-Unio, où la Boghen prend sa source, jusqu'au Me-Boa, sur une longueur de 45 à 50 kilomètres, par la chaîne de partage des eaux calédoniennes désignée ordinairement sous le nom de chaîne centrale. Comme l'a fait remarquer M. Gallet (1), cette dénomination de chaîne centrale est, sur la plupart des points de l'île, complètement fausse ; mais, pour ce qui regarde le territoire de Bourail, on peut la conserver. Entre Bourail et Houailou le massif de partage des eaux est bien central. De la Table-Unio au Sud-Est, se dégage une longue chaîne, qui comprend le Me-Oue (500 m) et qui se termine, après plusieurs dépressions, par les monts Népaurou. Le puissant massif du Népaurou ferme, au S.-E., le bassin de la Boghen et de la Néra, qu'il sépare de celui de la Nessadiou. Vers l'ouest du Me-Boa part un contrefort qui se relie aux massifs des monts Nékou. C'est la chaîne du Nékou qui ferme le bassin au S.-O. Les Trois-Frères appartiennent au massif du Nékou. De ce point on voit se détacher une chaîne secondaire, qui sépare le ravin de la Kourie du bassin proprement dit de la Néra. Cette chaîne se dirige de l'Ouest à l'Est, presque parallèlement à la grande masse du Nékou. C'est à l'extrémité Est de ce contrefort qu'est bâti le village de Bourail, sur les pentes qui regardent le N.-E.

J'ai déjà parlé de la beauté de la végétation dans la montagne de Ni. Aux sources des rivières, quand les pentes sont assez faibles pour retarder l'écoulement des eaux et empêcher l'entraînement des terres, la montagne se recouvre de bois grandioses. Jusqu'ici ces forêts ont été inexploitées, à cause de la difficulté des transports : parmi les arbres qu'elles renferment, il faut signaler les banians, les yuccas, les fougères et quelques essences que l'on utilisera quand on aura ouvert des sentiers : le bancoulier, le tamanou, le chêne tigré, le hêtre moucheté et le santal, qui devient de plus en plus rare.

Mais, à côté de ces montagnes couvertes de riches forêts, le

---

(1) *Notice sur la Nouvelle-Calédonie*, par G. Gallet, géomètre principal du service topographique. Nouméa, 1884.

territoire de Bourail présente une grande superficie de collines arides, aux pentes dénudées, où le pâturage est très maigre, où toute culture est impossible. Leur aspect est « tout de contraste » avec la richesse de la montagne humide et de la vallée d'alluvion. On n'a pas trouvé dans les montagnes de Bourail, de minerai de nickel ou de cuivre. Dans le haut de la Boghen on a signalé des traces de charbon. Ce n'est pas aux mines que Bourail demandera sa richesse, mais bien au labourage et à l'élevage.

Les marais sont très nombreux dans les vallées de Bourail, étroites, sinueuses, encaissées, et n'offrant qu'un écoulement difficile aux eaux de la montagne. On en trouve à chaque pas ; les vallées de Bourail n'étaient, avant l'occupation, qu'une série de fossés marécageux. Beaucoup de marais ont déjà été drainés et desséchés ; il en existe encore beaucoup plantés d'erythrines et peuplés de bandes de canards sauvages.

§ 2. — Climat.

La Nouvelle-Calédonie est située entre l'équateur et le tropique du Capricorne ; mais, sous le rapport du climat, elle est en dehors de la zone torride : elle est comprise dans la seconde zone de la classification de J. Rochard, dans la zone chaude limitée par les lignes isothermes de $+25°$ et $+15°$.

Isolée derrière sa ceinture de récifs, perdue, pour ainsi dire, au milieu du grand océan Pacifique, la Nouvelle-Calédonie est ventilée par les alisés du S.-E., qui lui apportent du large un souffle vivifiant n'ayant passé sur aucune terre, un air exempt de miasmes, privé de microbes. C'est à sa faible étendue et à cette ventilation que la colonie doit sa salubrité et son climat relativement tempéré.

L'année y est un été perpétuel. Cependant il convient de distinguer deux saisons : la saison chaude, du 1er novembre au 1er mai, avec une température moyenne de $26°5$ et la saison tempérée, du 1er mai au 1er novembre, avec une moyenne de $22°5$. Dans l'espace de six années les températures extrêmes ont été, à Nouméa : Maxima $36°2$; minima, $14°$.

Il tombe, en moyenne, par an, 1 mètre 20 d'eau ; il pleut plus sur la côte Est que sur la côte Ouest, où se trouve Bourail. La saison pluvieuse correspond au premier semestre de l'année.

Pendant les mois où la température est la plus chaude et la plus lourde, c'est-à-dire en décembre, janvier et février, l'île est exposée à des ouragans terribles, à des cyclones violents. Les derniers ont été ressentis en janvier, février et mars 1880.

Je ne m'étendrai pas davantage sur ces généralités relatives au climat néo-calédonien. Je renvoie le lecteur à la note I, où j'ai reproduit les tableaux d'observations météorologiques, recueillies si consciencieusement par mon collègue, M. Campana, pharmacien de 1re classe ; et je passe aux particularités du climat de Bourail.

Si on le compare aux autres points de la Nouvelle-Calédonie et en particulier aux postes de la côte Est, le territoire de Bourail se trouve placé dans des conditions météorologiques désavantageuses. Ses vallées étroites, encaissées, sont abritées par les massifs de la chaîne centrale qui arrêtent les vents alisés du S.-E. et séparées de la mer par les hautes chaînes des monts Népaurou et Nékou. L'air stagne dans la campagne de Bourail ; la brise y est rare, peu forte. Un de mes prédécesseurs à Bourail, le Dr Gueit, avait si bien observé et senti ces conditions météorologiques, qu'il écrivait dans un de ses rapports : « Si j'ose m'exprimer ainsi, Bourail est un climat continental. »

Nous n'avons pas noté une température maximum plus élevée qu'à Nouméa ; le thermomètre n'a pas dépassé 36° 2. Mais, pour la température minimum, au lieu de 14° observé à Nouméa, nous avons eu souvent, à Bourail, en août et dans la première quinzaine de septembre, 10°, 9° et même 8°. En août 1885, à huit heures du matin, sous ma vérandah, le thermomètre était descendu de quelques dixièmes au-dessous de 9°. Ainsi donc le climat de Bourail est plus froid et plus variable que celui de Nouméa, l'écart entre les températures extrêmes est de 28°, au lieu de 22°. Mais ce qu'il faut surtout signaler c'est la rapidité de l'écart, la brusquerie dans l'ascension de la colonne thermométrique, les nuits fraîches succédant à des journées très chaudes. Ainsi je retrouve dans mes notes, le fait suivant : le 11 février 1884, c'est-à-dire en pleine saison chaude, après une nuit de lune sereine, à 6 heures et demie du matin, le thermomètre marque 15° ; à 10 heures, la température est déjà de 30°. Dès que le soleil disparaît de l'horizon, on sent un rapide abaissement de température : les vêtements de toile doivent faire place à de la flanelle ou du drap léger ; les soldats de garde, la nuit, prendront prudemment la tenue en bleu.

Les *brouillards* sont fréquents et intenses, à Bourail, tandis que, d'une manière générale, ils sont rares en Nouvelle-Calédonie. C'est pendant le trimestre de juillet, août et septembre, que les brouillards de Bourail sont les plus épais et les plus persistants. Leur formation est favorisée par l'absence de brise et par la grande étendue des terrains marécageux et souvent inondés, que l'on rencontre à chaque pas dans la campagne de Bourail.

En résumé, on pourrait présenter ainsi qu'il suit, une esquisse de la journée météorologique à Bourail.

Vers 6 heures du matin, au point du jour, les vallées sont couvertes de brouillards denses et épais ; les plantes sont imbibées de rosée ; la température est fraîche et humide. Vers 7 heures 1/2, les rayons du soleil commencent à percer le brouillard, qui se résout en gouttelettes très fines. Souvent les brouillards persistent jusqu'à 8 heures, 8 heures 1/2, et quelquefois, à la saison fraîche, on les voit encore à une heure plus tardive, quand la plaine est dégagée, s'attacher aux flancs des montagnes. Enfin le soleil paraît, éclatant : la température monte rapidement ; il n'y a pas de brise ; de 9 à 10, c'est l'heure la plus lourde de la journée. A 11 heures, la brise du Sud-Est s'élève, elle vient par la vallée de la Boghen. Le thermomètre atteint son maximum à 1 heure ; la brise tombe vers 4 heures ; la chaleur est encore fatigante. Bientôt le soleil descend et se cache derrière le Nékou : c'est le moment le plus agréable du jour. A 9 heures du soir, on voit déjà une bande, une traînée de brouillards se former dans le bas-fond des vallées, le long des rivières ; peu à peu, la brume gagne la plaine, gravit le flanc des coteaux. La température s'abaisse, et le brouillard acquiert son maximum d'intensité quand la nuit fait place au jour.

Les pluies offrent cette particularité qu'elles sont plus rares au village de Bourail que dans les hauts des vallées ; on voit souvent la chaîne centrale se couvrir de gros nuages, il pleut dans la vallée de la Pouéo, et le grain s'arrête avant d'atteindre les environs du village. Au plus fort de la saison chaude, quand l'atmosphère est lourde, les nuages s'amoncèlent : on attend l'averse d'un instant à l'autre ; au bout de quelques heures, le ciel reprend sa sérénité. D'autres fois la pluie tombe pendant plusieurs jours de suite, et alors surviennent ces *inondations* qui sont un des fléaux de Bourail. Les paisibles rivières de la Douhinsheur et de la Pouéo se transforment en torrents furieux, inondent les vallées et convertissent la plaine de Bourail en un vaste lac. La plus grande inondation a été celle d'avril 1872. On voit encore, avec étonnement, marqué sur la façade du magasin des vivres, le niveau atteint par les eaux débordées. Si l'on se rappelle la disposition en éventail des rivières de Bourail, leur grande base de développement à leurs sources, de la Table-Unio au Me-Boa, leur rapidité dans la première partie de leur parcours, enfin leur convergence dans la plaine si basse de Bourail, on comprendra facilement avec quelle facilité se produisent ces inondations si soudaines et si redoutables. Les eaux débordées entraînent des troncs d'arbres très pesants, détruisent les plantations, interceptent les communications ; mais elles rendent cependant un grand service aux concessionnaires par le limon fécond qu'elles déposent sur les terres inondées.

Les cyclones ont été moins redoutables à Bourail que dans les autres postes de l'île : les cases et les plantations abritées par les montagnes et leurs nombreux contreforts, ont relativement subi peu de dommages.

Il importe de mentionner une remarque qui a été faite par les vieux colons calédoniens et par tous ceux qui se sont occupés de météorologie : c'est qu'en Nouvelle-Calédonie en général et à Bourail en particulier, les années météorologiques se suivent et ne se ressemblent pas toujours. Il y a eu, ainsi, à Bourail, des séries d'années pluvieuses. Au contraire, les années 1883, 1884, 1885 ont été remarquables par une sécheresse extraordinairement prolongée. La même remarque générale s'applique aussi aux moyennes thermométriques.

§ 3. — LES CONCESSIONS RURALES ; LES CULTURES.

LES CONCESSIONS URBAINES, LE VILLAGE DE BOURAIL.

Le territoire de Bourail appartient presque tout entier à l'administration pénitentiaire. Comme terrains échappant au domaine pénitentiaire, il faut mentionner : 1º les terres de la tribu de Ni, comprenant le haut de la vallée de la Douhinsheur à partir du ruisseau d'Azzareu, et les sources de la Pouéo ; 2º la belle et vaste propriété de Trazégnies, ainsi nommée du nom de son premier propriétaire, le marquis de Trazégnies d'Yttres, à qui le gouvernement du second

Empire l'avait donnée, il y a une vingtaine d'années ; M. de Trazégnies n'a jamais mis les pieds sur sa terre et n'en a jamais retiré un sou. Le domaine de Trazégnies s'étend sur la rive gauche de la Boghen pendant les deux derniers kilomètres de son parcours et de la Néra sur une longueur de 4 kilomètres ; il est limité par ces deux rivières et par la crête du Népaurou. Il comprend plus de 500 hectares de terrain, dont 300 d'excellentes terres cultivables ; il appartient aujourd'hui à la Compagnie franco-australienne de Gomen ; 3º la propriété du Gabé, sur la rive droite de la Néra, entre l'ancienne tribu de Néra et les concessions de Gouaro.

La campagne de Bourail a une physionomie spéciale. Le trait caractéristique, qui en a fait pendant longtemps (1) un coin de terre à part, en Nouvelle-Calédonie, c'est la petite culture, la division du sol en petits lots semblables, presque identiques. Autour de Bourail la population rurale est extraordinairement dense, comparée à celle de la plupart des autres districts de la colonie, où l'on s'adonne plus particulièrement à l'élevage. Les cases se succèdent, à très peu de distance les unes des autres ; les champs bien cultivés sont séparés par des fossés, quelques-uns clos de barrières. En arrivant aux environs de Bourail, on pourrait croire avoir sous les yeux une commune de France où le sol est divisé à l'extrême et clos avec soin par le paysan jaloux de sa propriété. L'administration pénitentiaire a divisé la plus grande partie du territoire de Bourail en lots d'une étendue moyenne de 4 à 5 hectares. Suivant l'article 11 de la loi du 30 mai 1854, elle les a distribués aux condamnés qui se sont signalés par leur bonne conduite. Elle n'a pas donné le terrain, elle l'a concédé sous certaines conditions ; de là les noms de concessions qu'ont pris ces lots de terre, et de concessionnaires, appliqué aux condamnés qui doivent les exploiter et les habiter.

Les concessions s'étendent dans les trois vallées : de Néméara, jusqu'à l'établissement de la Ferme-Ecole, à 9 kilomètres de Bourail ; de Pouéo, jusqu'au 9º kilomètre ; de Boghen, jusqu'à 10 kilomètres ; et dans la plaine de Bourail, qu'on désigne ordinairement sous le nom de Gendarmerie. Les premières concessions établies en face du village actuel de Bourail, datent de 1870. Leur nombre

---

(1) Après Bourail, l'administration pénitentiaire a créé comme pénitenciers agricoles et centres de concessionnaires : La Foa, en 1878 ; Koné-Pouembout et Le Diahot-Ouegoa, en 1883.

s'est accru rapidement ; en 1877, on comptait 197 concessions rurales ; en 1883, elles s'élevaient au nombre de 290. Dans ces deux dernières années on a donné des concessions dans la Haute-Boghen à 15 ou 16 kilomètres du village ; on a créé le *centre* de Nessadiou dans la vallée du même nom ; enfin on a établi quelques concessionnaires sur les terrains de l'ancienne tribu du grand Nikou ; ces concessionnaires sont du ressort du centre de Néméara. Au 1er juillet 1885, il y avait 337 concessions rurales en exploitation ; elles comprenaient à peu près 2,000 hectares de terrain. Elles sont réparties par centre, de la façon suivante :

Répartition, par centre, des concessions rurales

En décembre 1883 et au 1er juillet 1885.

NOMS DES CENTRES	POUÉO et la Gendarmerie	NÉMÉARA	BOGHEN	NESSADIOU	GOUARO	TOTAL
Nombre des concessions en 1885....	116	68	102	38	13	337
Nombre des concessions en 1883....	117	61	76	24	13	291

L'aspect des concessions est uniforme, et cette uniformité se conçoit aisément : les trois vallées de Néméara, de Pouéo et de Boghen ont une configuration analogue ; le terrain a été partagé en lots de même étendue, partant de la rivière et s'étendant jusqu'au coteau ; enfin l'administration a indiqué jusqu'au modèle des cases à construire.

Un petit chemin, bordé d'arbres, orangers ou caféiers, monte de la route à la maisonnette, bâtie en torchis, recouverte de paille. Une vérandah, soutenue par des poteaux en niaouli mal équarris, la complète sur une ou deux faces et quelquefois en fait le tour. Du côté du couchant, la vérandah est fermée par un store de maïs, suspendu par rangs d'épis qui se dorent au soleil. L'habitation, qu'on appelle vulgairement la case ou le gourbi, a été construite sur une éminence, sur un des contreforts des collines qui ferment les vallées, dominant les terres en culture et non loin de la rivière, qui fournit l'eau nécessaire au ménage. En arrière, et à quelques pas de la case, se trouvent quelques bâtiments annexes, construits sommairement en torchis, ouverts à tous les vents, servant de cuisine, de hangar, d'écurie, d'étable, de poulailler. En général, les cases des concessionnaires sont misérables et mal tenues, mal aérées au moyen de fenêtres étroites que les condamnés appellent des sabords. Si l'on ne se trouvait pas sous un ciel clément, dans un pays chaud, où la vie en plein air est toujours possible, où l'on ne réclame qu'un abri contre le soleil et la pluie, ces gourbis seraient inhabitables ; heureusement, cet aspect fâcheux des cases dans les concessions est compensé par la beauté de la campagne, par la richesse des récoltes qui la couvrent, par la sérénité de l'atmosphère.

Au-dessous de la case s'étend la concession, montrant çà et là les pieds des arbres qui la boisaient naguère, plus loin souvent un coin de marais non encore desséché. Comme le paysan de France, le concessionnaire de Bourail a été impitoyable pour les beaux arbres qui couvraient la terre qu'on lui a allouée ; il a dépassé le but : il n'a respecté que la bordure des cours d'eau ; dans quelques années, le bois sera rare et cher à Bourail.

Les terres à culture de Bourail sont de première qualité ; dans ces vallées alluvionnaires la couche de terre végétale qui remplit le fond de la cuvette, est très profonde ; à Trazégnies, on dit qu'elle atteint 10 mètres de profondeur ; dans les autres points elle n'est pas inférieure à 3 mètres. Les travaux de culture ont surtout consisté dans le déboisement et dans le drainage. La terre est si fertile que les concessionnaires, depuis quinze ans qu'ils la cultivent, ne l'ont jamais fumée ni amendée. Les façons n'ont pas besoin d'être profondes. Le terrain cependant a le défaut d'être trop fort, trop argileux ; il convient très bien à la confection des poteries : pendant quelques années, les gargoulettes de Bourail ont été célèbres en Nouvelle-Calédonie.

Sur ce sol si riche, si fécond, les concessionnaires se sont bornés à deux cultures presque exclusives, invariables : maïs et haricots. Ils ne sortent pas de là. On le leur a souvent reproché, quand l'abondance des produits en fait rapidement baisser le prix. Les concessionnaires se contentent de répondre par les raisons suivantes : la culture du maïs et des haricots est facile, la vente en est assurée, la main-d'œuvre pour la récolte est peu considérable ; il n'est pas besoin d'usine pour transformer le produit. A peine les plus aisés des concessionnaires achètent-ils, pour égrener le maïs, une machine dont le bruit rauque se fait entendre le soir, aux veillées.

Le maïs vient en quatre ou cinq mois, et produit par hectare trente à quarante sacs de 100 kilog. Le haricot vient en quatre-vingt-dix jours et donne par hectare, à peu près comme le maïs, de trois à quatre tonnes. On sème peu les haricots à rames ; presque toutes les variétés cultivées (haricots de Paita, haricots rouges, haricots riz), sont des haricots nains. Le sac de maïs vaut en moyenne, 10 francs ; je l'ai vu payer 18 francs, mais en août 1885, il est descendu à 6 francs. Le prix du sac de haricots varie de 25 à 40 francs.

Parmi les cultures secondaires il faut mentionner en première ligne la canne à sucre. A l'heure actuelle, les concessionnaires ont à peine dix hectares plantés en canne ; mais, s'ils se décident à écouter les conseils des hommes compétents, la culture de la canne prendra à Bourail l'importance qu'elle mérite. Les terres de Bourail conviennent parfaitement à la canne. Il existe à Bacouya, à 500 mètres du village, dans l'angle situé entre la Pouéo et la Douhinsheur une usine à sucre qui appartient à l'administration pénitentiaire et qui est régie par elle. Elle est alimentée par 100 hectares plantés en cannes par l'administration. Cette usine a une histoire particulière. En 1874, M. Higginson, le Mirès calédonien, offrit à l'administration le marché suivant : il ferait bâtir et fonctionner une usine à sucre ; l'administration, de son côté, donnait le terrain, 500 hectares de terres à culture et s'engageait à faire broyer tous les ans une certaine quantité de cannes. Au bout de quelque temps, l'administration ne pouvant tenir ses engagements, Higginson lui abandonna l'usine avec ses terres et obtint, en échange, 300 condamnés, à raison de deux sous par jour, pendant 20 ans. Ces 300 condamnés furent dirigés sur le village de Ouégoa (1), où Higginson exploitait la mine de cuivre La Balade. A leur arrivée, on commença à renvoyer les ouvriers libres ou libérés, payés à raison

---

(1) Ouégoa, chef-lieu du 3e arrondissement, au pied du versant occidental de la montagne de Balade qui sépare la côte Est de la vallée du Diahot, à 3 kilomètres de ce fleuve, à 25 de Pam le port du Nord de l'île.

de 6 à 8 fr. par jour, au minimum ; peu à peu, il ne resta plus à la mine que les fonctionnaires et les contre-maîtres ; le village de Ouégoa fut ruiné.

L'usine de Bacouya est dirigée actuellement par un créole de Bourbon, M. Maillot. Par son habileté, par sa persévérance, par les produits qu'il a présentés, M. Maillot a réussi à relever en Nouvelle-Calédonie, la canne à sucre, qui semblait perdue aux yeux des agronomes calédoniens. La cassonade et le tafia, fabriqués par M. Maillot, sont bons. La campagne de 1883-1884 a été magnifique. Il a été brassé 2,899,788 kilog. de cannes à sucre, qui ont produit 109,795 kilog. de sucre et 80,350 litres de tafia. Devant les résultats obtenus par M. Maillot, plusieurs agents de colonisation ou de culture, qui n'étaient pas partisans de la canne, ont changé d'avis. L'administration pénitentiaire a consenti à transformer, imparfaitement encore, il est vrai, le matériel de l'usine ; l'antique batterie Potin, avec ses énormes cuillers qui transbordent le jus d'une chaudière à l'autre, a été remplacée par la batterie Gimard. On va poser quelques kilomètres de chemin Decauville pour faciliter les charrois. L'administration a vivement engagé les concessionnaires à planter de la canne à sucre : peu s'y sont décidés ; cependant nous avons vu, en juillet 1885, dans la Pouéo et à Boghen, quelques champs recouverts de jeunes cannes, magnifiquement venues.

La culture du café a été trop négligée jusqu'à ce jour. Cependant on remarque déjà quelques beaux commencements de plantations, surtout à Trazégnies et dans la Pouéo. Le café de Bourail est excellent. Quelques concessionnaires ont la mauvaise habitude de faire tremper les cerises dans l'eau pour les décortiquer plus aisément ; le café ainsi préparé a perdu de son arôme. Le caféier commence à rapporter à trois ans ; il donne environ 1 franc par pied et par an. Le kilogramme de café se vend dans les concessions 1 fr. 75. Il y a, à Bourail, 60,000 pieds de café plantés en plein soleil. Le café récolté se consomme sur place, tandis que le maïs et les haricots sont exportés ; le sucre et le tafia sont envoyés à Nouméa, aux magasins de l'administration pénitentiaire, pour la ration des condamnés.

Le manioc commence à peine à être cultivé. Quelques concessionnaires en ont un certain nombre de pieds autour de leur case, sur les premières pentes du coteau ; ils s'en servent pour engraisser la volaille et les bestiaux.

Les concessionnaires ont abattu beaucoup d'arbres, mais ils ont très peu planté. Les arbres fruitiers et partant les fruits sont encore rares à Bourail, où ils pourraient abonder. A part les goyaviers, qui poussent à l'état sauvage, et qui, avec le lantana, envahissent toute la *brousse*, les orangers sont les arbres fruitiers les plus communs ; les oranges et les barbadines sont excellentes. On peut voir, sur la propriété de Trazégnies, une très belle allée d'un kilomètre de long, bordée d'orangers magnifiques. Les pêchers réussissent assez bien ; mais les pêches sont petites et peu savoureuses : elles sont mangées sur pied par les roussettes. On a planté quelques manguiers qui déjà donnent des fruits d'excellente qualité, se vendant très facilement 1 fr. 50 la douzaine. Malgré l'exemple de M. Rouzaud, à Nakéty, près Canala, et les encouragements de l'administration, on n'a pas essayé la culture en grand de l'ananas.

¶En résumé, les concessionnaires de Bourail ont négligé jusqu'ici les récoltes autres que le maïs et les haricots. Très peu s'adonnent à la culture maraîchère, qui pourtant leur donnerait de beaux profits. En revanche, la basse-cour est pour tous les habitants une source productive. Bourail approvisionne Nouméa de volailles et d'œufs. Ce sont, avec le maïs, les principaux produits d'exportation. Les poulets viennent très bien et presque sans frais. Les canards sont beaucoup moins nombreux ; le dindon est rare, à cause des soins que réclament les petits.

En raison même de l'extrême division de la terre, à Bourail, il n'est guère possible aux concessionnaires de se livrer à l'élevage des bœufs, du moins dans le périmètre des concessions. Cependant un certain nombre ont créé quelques stations dans le haut de la Douhinsheur, de la Pouéo, de la Boghen. On peut estimer à 4,000 têtes le nombre des bœufs, vaches et veaux, possédés par les concessionnaires de Bourail. Plusieurs sont inscrits sur la liste des éleveurs qui font partie du Syndicat général calédonien. Certains concessionnaires ont une ou deux têtes de bétail pour les labours ou pour les charrois. D'autres fabriquent du beurre qui est de bonne qualité, et des fromages de chèvre estimés.

L'industrie de Bourail est très restreinte. A part l'usine sucrière de Bacouya, je n'ai à signaler que la tannerie de Téné, créée en 1884 par trois concessionnaires. Elle est située sur les bords de la rivière, à quelque cent mètres en amont de l'hippodrome de

Bourail. Les cuirs qui ont été fabriqués à Téné ont été appréciés et se sont bien vendus. J'ai dit déjà qu'autrefois les poteries de Bourail étaient renommées. On pourrait installer des tuileries ; en 1885, pour la construction d'une grande maison à Bourail, une tuilerie a fonctionné avec un seul ouvrier, près du gué de l'Ari, en face du village.

Au centre des concessions rurales est construit le village de Bourail (500 habitants). Comme beaucoup de villages de France, il s'étend le long de la route, mais seulement d'un côté, du côté de la colline. Entre la route et la rivière Ari on n'a pas construit à cause des inondations. Vu de la plaine de la Gendarmerie, le village qui s'allonge sur les pentes du coteau paraît quelque chose ; mais, de près, l'aspect misérable des cases gâte la première impression.

Quand on arrive du côté de la mer, on contourne la colline, qui porte le blockaus de l'infanterie de marine. Ce blockaus est formé par une enceinte quadrilatère, flanquée de deux tours du côté de Boghen. En bas de la colline se trouvent les bâtiments des ponts-et-chaussées. La route passe devant les logements de divers fonctionnaires (médecin, officier d'administration), et traverse ensuite une petite dépression de terrain, qui sépare la colline du blockaus du village proprement dit. C'est au fond de ce ravin que se trouve le *Couvent*, l'établissement pénitentiaire qui, aux yeux de bien des gens, résume tout Bourail. C'est le dépôt des femmes condamnées, qui ont demandé à venir en Nouvelle-Calédonie pour s'y marier à des concessionnaires. Comme il est dirigé par des Sœurs, on l'a nommé le *Couvent*. Après, viennent l'hôpital et la prison, et enfin le village proprement dit.

Le village est habité par quelques commerçants libres, par des libérés et par des condamnés, les concessionnaires urbains. L'administration leur a alloué un lot de terrain de ville pour y bâtir une case et exercer leur métier. Au 1er juillet 1885, il existait dans le village de Bourail 103 concessionnaires.

Les cases de concessionnaires occupent les rues qui, perpendiculaires à la grande route, gravissent la pente de la montagne ; elles ne sont pas plus belles que celles des concessionnaires ruraux. Au milieu du village, sur une place carrée, plantée de bois noirs, s'élève l'église de Bourail.

Au bout du village, on remarque le bureau des postes et télégraphes.

A 500 mètres plus loin, à l'entrée de la vallée de la Douhinsheur, on trouve l'habitation du représentant de l'administration pénitentiaire, qui a le titre de commandant du pénitencier, et un peu plus loin, l'enceinte murée qui sert de camp central pour les condamnés non concessionnaires.

§ 4. — Voies de communication.

Pour communiquer avec Nouméa et les autres points de l'île, Bourail a une voie naturelle, la seule qui, pendant longtemps encore, sera pratique : c'est la mer. La voie maritime n'est pas exempte d'inconvénients : j'ai déjà signalé le peu de sûreté du mouillage dans la rade de Bourail et les difficultés du débarquement. Mais la voie de terre, pendant de longues années, sera impraticable aux charrois : il n'y a que le tronçon compris entre Nouméa et Bouloupari qui est ou passe pour achevé; entre Bouloupari et Bourail il reste 100 kilomètres, où, à part la distance de La Foa à Moindou, c'est-à-dire 18 kilomètres, tout est à faire. A tous les points de vue, rapidité et économie, voyageurs et marchandises passeront par les bateaux. Un vapeur à marche médiocre peut aller dans un jour de Bourail à Nouméa, tandis que des cavaliers intrépides, les stockmen calédoniens, sans être chargés, mettent trois jours pour franchir cette distance. Je sais bien qu'on a parlé de construire une voie ferrée de Nouméa à Bourail ; M. Perret, agent de colonisation, a proposé un système économique à un seul rail, à 25,000 fr. le kilomètre. L'état des finances de la colonie s'opposera à toute entreprise de voie ferrée.

Ainsi donc, la voie maritime étant la grande voie de communication entre Bourail et l'extérieur, la route principale est et doit être la route de Bourail à la mer, jusqu'en dehors de la barre de la Néra, s'il est possible. Il y a 8 kilomètres du village à la Roche-Percée; 10, pour aller au poste de la mer, situé à l'embouchure de la Néra; 12, pour se rendre à Gouaro. En 1882, il existait entre Bourail et l'embouchure de la Néra une route, qui suivait la rive droite de la rivière, passait à la Roche-Percée et s'engageait sous bois en restant parallèle à la plage. La voie, assez bonne pendant 4 à 5 kilomètres, devenait assez difficile à cause du terrain sablonneux ; il n'y avait pas de pont sur la Kourie, que l'on passait à gué. M. le gouverneur Pallu de la Barrière, comprenant toute l'importance de la route de Bourail à la mer, décida la construction d'un tramway, qui suivait l'ancien chemin jusqu'au 8ᵉ kilomètre, et de là se dirigeait sur Gouaro, où un grand port devait être créé. Ce projet, si utile et si grandiose, avait un défaut capital : il entraînait des dépenses hors de proportion avec l'importance actuelle du port et du canton de Bourail. Pendant le gouvernement de M. Pallu, les travaux furent poussés assez activement ; une tranchée considérable fut creusée pour le passage du 4ᵉ kilomètre ; mais, les crédits pour les travaux de route ayant été épuisés et même dépassés, la construction du tramway fut suspendue au départ de M. Pallu. On avait remué beaucoup de terre, mais aucun ouvrage d'art n'avait été même commencé, et la route était moins praticable qu'en 1882. Il est cependant d'une importance capitale pour Bourail qu'on achève promptement la route de la Néra : c'est une question vitale. Bourail végétera tant que ses communications avec la rade ne seront pas faciles et assurées.

Le cours de la Néra semblerait une voie naturelle, toute tracée, de communication entre le village et la mer ; mais la navigation sur la rivière est rendue très difficile par les bancs de sable, qui se déplacent à chaque grande crue, par les inondations et par les dangers du passage de la barre. Les chalands mettent souvent 48 heures pour remonter la Néra, et encore sont-ils obligés de décharger avant le confluent de la Kourie, c'est-à-dire à 2 kilomètres du village.

Le chemin, que l'on a appelé pompeusement la route coloniale nᵒ 1, de Nouméa à Gomen, passe par Bourail et traverse son territoire du S.-E. au N.-O., de Nessadiou à Néméara. A 13 kilomètres de Bourail (et, de l'autre côté, à 23 kilomètres de Moindou), il pénètre dans la vallée de Nessadiou, à la station Patry, longe sous bois, pendant 3 kilomètres, la rive gauche de la rivière, traverse à gué la Nessadiou, gravit un col du Népaurou et tombe dans la vallée de Boghen. On passe ensuite trois contreforts du Népaurou, on coupe en ligne droite le domaine de Trazégnies, on traverse à gué la Néra et on rejoint, au bas du blockaus de l'infanterie de marine, la route de Bourail à la mer. Jusqu'à ce point, c'est un chemin non empierré, aux pentes raides, impraticable aux voitures dès qu'il a plu quelque peu. A partir de sa jonction avec le futur tramway, c'est pendant trois ou quatre kilomètres une belle route, bien entretenue, bordée de flamboyants aux fleurs écarlates. Elle traverse dans toute sa longueur, le village de Bourail, dont elle constitue la rue principale.

Elle s'engage dans la vallée de la Douhinsheur, sur la rive droite de cette rivière, passe devant le camp central des transportés non concessionnaires ; à 7 kilomètres de Bourail, elle s'éloigne de la Douhinsheur, et, devenue de plus en plus étroite, mal entretenue, elle n'est plus qu'un mauvais sentier qui mène au cap Goulvain, et par là à Poya et Mouéo (71 et 83 kilomètres).

Au 7e kilomètre se détache un embranchement qui conduit à la Ferme-Ecole, se prolonge dans la vallée de Ni, passe aux villages canaques de Poté, de Ni, au pied de la colline de Kikoé, et escalade les pentes très escarpées de la chaîne centrale. C'est l'ancienne route de Houailon (à 60 kilomètres de Bourail, sur la côte Est).

La nouvelle route de Houailou (1) (73 kilomètres) s'embranche sur la route coloniale n° 1, au bout du village de Bourail ; elle passe la Douhinsheur sur le pont de pierre de Bacouya, suit la vallée de Pouléo (rive droite) pendant 10 kilomètres. Puis elle s'engage dans un vallon secondaire et monte doucement, en lacets, le long des flancs de la chaîne qui sépare les vallées de la Douhinsheur et de la Pouéo. Elle serpente, à 400 ou 500 mètres d'altitude, sur le versant N.-O. du Me-Bouegna, en surplombant la vallée de Ni, passe au village canaque de Bouchegaou, et franchit la chaîne centrale, pour descendre dans la vallée de Houailou. A partir du point où elle s'éloigne de la rivière la Pouéo, ce n'est plus qu'un chemin muletier, très pittoresque.

Outre ces quatre routes, qu'on pourrait appeler chemins de grande communication, Bourail possède plusieurs chemins vicinaux. Le plus important se détache de la route coloniale n° 1 dans le village même de Bourail, devant l'hôpital, traverse à gué l'Ari et se bifurque : d'une part, en se dirigeant vers le S.-E., le chemin suit la rive gauche de l'Ari, la vallée de Boghen, et rejoint la route de Nessadiou au 6e kilomètre ; d'autre part, vers le N.-O., le chemin dessert les concessions de la Gendarmerie et de la rive gauche de la Pouéo.

Malgré le cercle de rivières qui l'enserrent et le bloquent à chaque inondation, Bourail n'a qu'un pont, le pont en pierre de Bacouya,

---

(1) La portion de la nouvelle route de Houailou, qui dessert les concessions de la rive droite de la Pouéo (c'est-à-dire les dix premiers kilomètres, à partir de Bourail) était faite depuis quelques années. M. Pallu de la Barrière donna l'ordre de la prolonger, par Me-Bouegna, Bouchegaou et Borromedi, jusqu'à Houailou. Le nouveau tracé fut inauguré le 15 février 1884.

construit, en 1882, sur la rivière la Douhinsheur, sur la route de Pouéo (nouvelle route de Houailou). Un second pont jeté sur l'Ari, en face du village, rendrait aussi de très grands services.

Bourail fait partie du réseau télégraphique qui relie entre eux tous les postes de la Nouvelle-Calédonie. L'administration pénitentiaire a installé une voie téléphonique qui relie le logement du commandant du pénitencier au poste de la mer, à l'embouchure de la Néra.

Tous les quatorze jours, le service postal est fait entre Nouméa, d'une part, Bourail et les autres postes de la côte Ouest, d'autre part, et vice-versâ, par un bateau à vapeur subventionné très chèrement par la colonie. Le steamer prend aussi les voyageurs et les marchandises. De plus, toutes les semaines, un courrier à cheval (en général, ce sont des Arabes) apporte et emporte la correspondance.

CHAPITRE II

POPULATION. — COLONISATION PÉNALE

Le territoire de Bourail compte plus de 2,000 habitants : dans ce nombre ne sont pas compris les indigènes de la tribu de Ni, que l'on peut évaluer à 600 ou 700. A peu près 40 Canaques de cette tribu sont employés sur le pénitencier comme agents de police, canotiers, facteurs des postes et télégraphes. La population non indigène, à Bourail, se divise en deux catégories bien tranchées et très inégales : 1° ce qu'on appelle communément le *personnel libre*, c'est-à-dire les fonctionnaires et agents chargés d'administrer le pénitencier ; les surveillants ; le détachement d'infanterie de marine, caserné au blockhaus, et de plus quelques colons, commerçants ou éleveurs. Le personnel libre comprend environ 200 personnes ; 2° la seconde catégorie, bien plus nombreuse que la première, renferme les transportés et leurs familles. Cette catégorie se partage, de suite, en trois groupes distincts : *a.* les concessionnaires et leurs familles ; *b.* les libérés non concessionnaires ; *c.* les transportés non concessionnaires.

Au 1er juillet 1885, cette population d'origine pénale, comprenait 1779 personnes, ainsi réparties :

a. Concessionnaires et leurs familles....	1071
b. Libérés non concessionnaires........	200
c. Transportés en cours de peine, non concessionnaires..................	508
Total..............	1779

Il faut ajouter à cette liste la population de la propriété de Trazégnies, habitée par des libérés et quelques déportés arabes, qui occupent des lots de terre comme fermiers de la Compagnie franco-australienne actuellement propriétaire du domaine. Par extension, on les appelle concessionnaires de Trazégnies. Il y a environ 60 concessions, sur lesquelles vivent à peu près 150 personnes. — On rencontre de plus à Bourail, quelques immigrants néo-hébridais engagés comme domestiques (1).

Je commencerai l'étude de la population de Bourail par le groupe le plus étroitement fixé au sol, celui qui représente plus particulièrement la colonisation pénale, par le groupe des concessionnaires.

§ 1. — Les concessionnaires de Bourail.

Il y a deux sortes de concessionnaires : les concessionnaires ruraux, cultivant la terre qu'on leur a octroyée ; et les concessionnaires urbains, commerçants ou industriels, exerçant leur commerce ou leur métier dans le village de Bourail. Sur 446 concessionnaires en 1885, il y a 103 urbains et 343 ruraux ; en 1882, sur 347, on comptait 291 ruraux et 56 urbains. En 1882, il y avait donc à peu près un concessionnaire urbain pour cinq ruraux ; aujourd'hui, il y en a un pour trois. Nous dirons ce qu'il faut penser de cette augmentation rapide des concessions urbaines.

Le droit de mettre un transporté en concession est réservé au gouverneur de la colonie ; celui-ci choisit, d'après les notes fournies par l'administration pénitentiaire. En pratique, d'une façon générale, le gouverneur signe simplement les propositions faites pas les bureaux. Le commandant du pénitencier installe ensuite le transporté désigné. C'est de la sélection faite par l'administration dans la désignation des concessionnaires que dépend, en majeure partie, l'avenir de la colonisation pénale. Les bureaux peuvent y apporter la plus grande prudence : tandis que la loi ordonne d'ouvrir les portes du pénitencier au libéré le jour même où il a fini sa peine, l'administration a le loisir de réclamer les renseignements nécessaires avant de choisir et d'installer un nouveau concessaire. Certes, on peut répondre que, dans un milieu vicié comme la transportation, un triage est difficile. Dans certains pénitenciers, à Koné, on a obligé les transportés à faire, avant d'être nommés concessionnaires provisoires, un stage de quelques mois sur leur futur terrain ; on leur

(1) Voir la note II.

donnait le nom prétentieux d'élèves-concessionnaires. A Bourail, ce système n'a pas fonctionné ; on est obligé de constater que, dans la désignation des concessionnaires et notamment des concessionnaires urbains, l'administration a méconnu le texte et l'esprit de la loi du 30 mai 1854. L'article 14 de cette loi dit : « Les concessions de ter-
« rains, provisoires ou définitives, *pourront* être faites aux condam-
« nés ou libérés, eu égard à la durée de la peine prononcée contre
« eux, à leur bonne conduite, à leur travail et à leur repentir. »
Voyons la première condition dont la loi recommande de tenir compte : la durée de la peine. Sur 446 concessionnaires au 1er juillet 1885, il y avait 284 condamnés en cours de peine, c'est-à-dire plus de trois sur cinq ; et sur ces 284 condamnés en cours de peine concessionnaires, il y en avait 55, encore condamnés à perpétuité. Dans une de ses visites à Bourail, M. le gouverneur Le Boucher fut ému de cette situation, qui lui fut révélée au moment même où il songeait à ne plus avoir comme concessionnaires à Bourail que des libérés ou des condamnés touchant à leur libération. Il recommanda de tenir un grand compte, dans le choix des concessionnaires, de la durée de la peine. Ces recommandations restèrent lettre morte : car le premier concessionnaire établi après le passage du gouverneur, fut le transporté F....., encore condamné à perpétuité. Il s'installa dans le village, comme concessionnaire urbain, exerçant la triple profession de coiffeur, bijoutier et fabricant de cannes. On ne pouvait pas dire que le besoin s'en fit sentir ! Ce transporté F..., pour réussir dans sa demande de concession, avait imaginé de déclarer qu'il n'avait pas besoin de l'allocation des vivres fournie pendant trente mois aux nouveaux concessionnaires. L'administration met F... en concession ; puis, s'apercevant qu'elle n'a pas le droit de garder ses vivres, ou qu'elle créerait un précédent dangereux, invite F... à toucher sa ration comme les autres. Il nous serait facile de démontrer que, très souvent, l'on n'a pas tenu un plus grand compte des autres conditions exigées par la loi, à savoir: la bonne conduite, le travail, le repentir. En 1883, le transporté P... est installé comme concessionnaire rural au Grand Nikou, malgré ses notes qui le signalent comme dangereux ; le surlendemain de son mariage, il frappe en plein village, à coups de couteau, sa femme, qui ne valait pas grand chose ; il s'évade et revient mettre le feu à la case d'un de ses voisins. A Nessadiou, on a placé des concessionnaires de 4e classe, c'est-à-dire de mauvause conduite, qui passaient leur temps à s'eni-

vrer et mettaient le trouble dans tout le voisinage. Sous le gouvernement de M. Pallu de la Barrière, il y a eu à Bourail des fournées de concessionnaires, qui auraient dû ne jamais quitter l'île Nou ou les camps pénitentiaires. Ces condamnés avaient affecté un grand zèle dans les travaux de route, et au bout de quelques mois avaient obtenu d'être envoyés comme concessionnaires urbains à Bourail, où ils ne travaillèrent jamais et où ils vécurent de recel, de vols et de proxénétisme.

On peut répondre à ces critiques que les bureaux sont quelquefois mal renseignés, et qu'en somme, tant que la concession est provisoire, c'est-à-dire au minimum pendant cinq ans, l'administration reste armée du droit de déposséder le concessionnaire incorrigible ou paresseux. Elle en use, pas assez fréquemment ; souvent elle temporise, ferme les yeux et laisse faire. L'affaire Lepesteur, qui s'est passée dans la vallée de Pouéo, au commencement de 1885, a bien démontré tout le danger que créait le mauvais choix des concessionnaires. Lepesteur avait été mis en concession parce que sa vieille mère était venue le rejoindre. Après la mort de sa mère, sa case devint un repaire de voleurs et d'évadés ; il fut arrêté, en janvier 1885, pour recel et complicité d'assassinat ; dans l'instruction de l'affaire, on constata que, dans sa concession, d'ailleurs très fertile, il n'y avait qu'un hectare sur cinq en culture. D'autres transportés sont mis en concession parce qu'ils ont été employés au service d'un haut fonctionnaire. Enfin on en a vu réussir dans leurs demandes de concession en achetant la connivence des transportés écrivains chez le commandant, qui signait sans le savoir une pièce pour une autre. Berezowski, qui est concessionnaire au 6e kilomètre, sur la route de Néméara, a été mis en concession parce que des considérations politiques ne permettaient pas encore de le gracier.

Une fois mis en concession, le transporté voit changer complètement son existence. Il a une maison, un chez soi, un *home* ; il travaille pour son propre compte ; il n'est plus un numéro, il redevient presque quelqu'un. Il échappe à la promiscuité des camps pénitentiaires ; l'isolement devient un bienfait pour certains condamnés qui ont autrefois vécu dans un milieu plus ou moins raffiné ; ce que ceux-là cherchent, en demandant une concession, c'est à « ne pas rentrer au camp. » Le concessionnaire s'habille comme il veut ou comme il peut ; M. le gouverneur Pallu de la Barrière avait réglementé leur habillement ; il les avait voués au bleu, orné de galons rouges; mais, les approvisionnements ayant été insuffisants, on a renoncé à cet uniforme. Le concessionnaire a le droit de porter la barbe. Il peut aller et venir sur le territoire du pénitencier ; l'administration lui défend seulement l'accès du village à partir d'une certaine heure de la soirée, et lui impose l'obligation de se présenter, tous les quinze jours, le dimanche, au surveillant chargé du centre où se trouve sa concession.

Le transporté devenu concessionnaire n'est plus de fait un condamné ; il n'est plus qu'un paysan, cloué de par la loi au sol colonial, mais, en somme, libre sur sa terre. Quelles différences sa vie va présenter avec le sombre tableau qu'il avait vu apparaître, le jour de sa condamnation, sur le banc de la cour d'assises ! Au lieu du bagne effrayant qui devait se refermer sur lui, il vit en plein air, sous un climat salubre. Au lieu du garde-chiourme qu'il voyait attaché à ses pas, il a affaire tous les quinze jours à un surveillant militaire, à qui l'on recommande « d'apporter beaucoup de modération et de douceur dans ses rapports avec les concessionnaires. » (Instructions pour le corps militaire des surveillants, 1881).

La mise en concession est donc une libération, une grâce anticipée. C'est mieux que la grâce. Tandis que le libéré ou le transporté gracié quitte sans ressources le pénitencier, le concessionnaire entre en jouissance d'un bon terrain, qui bientôt pourra devenir sa propriété définitive. En effet, d'après l'article 1er du décret du 31 août 1878, « les concessions provisoires deviennent définitives à l'expiration d'un délai de cinq années et après libération du condamné. Le temps écoulé depuis l'obtention de la concession jusqu'à l'expiration de la peine est compris dans ce délai de cinq années, sans toutefois pouvoir être compté pour plus de quatre années. »

En même temps que le terrain, l'administration met aux mains du nouveau concessionnaire, les outils nécessaires pour le cultiver : une hache à abattre, une pioche, un sabre d'abattis, une houe, une pelle carrée. Elle nourrit et habille le concessionnaire pendant trente mois. Elle paie une indemnité de 100 à 300 francs pour le rembourser des dépenses qu'il a faites pour la construction de sa case, pourvu que celle-ci soit à peu près convenablement installée. Quand le concessionnaire est malade, il est soigné chez lui ou à l'hôpital de Bourail, par un médecin de la marine. De plus, tout concessionnaire marié a droit : 1° à trente mois de vivres pour sa femme ; 2° à un secours en argent, de 150 francs ; 3° à un trousseau comprenant : un matelas de *troupe* ; une paillasse de *troupe*, un traversin, une couverture de *troupe*, deux paires de draps en coton, six serviettes en coton, dix mètres d'étoffe (mille raies), deux mouchoirs de tête, deux mouchoirs de cou, deux mouchoirs de poche, deux paires de bas. Voilà les avantages faits aux transportés concessionnaires ! Quel est le pays, quelle est la colonie française où l'immigrant libre est ainsi aidé et soutenu ? En tout cas, ce n'est pas la Nouvelle-Calédonie.

Cependant il ne faudrait pas croire que le nouveau concessionnaire a simplement à se croiser les bras et à se laisser vivre. La tâche est rude quand il lui faut déboiser, défricher, drainer une concession nouvelle. Nous avons vu les concessionnaires à l'œuvre, à Nessadiou et dans la Haute-Boghen, dans des forêts vierges, loin de tout chemin propre aux charrois, à plus de dix kilomètres du village. Le premier travail du concessionnaire est de se construire un gourbi provisoire, qui le garantira du soleil et de la pluie, de créer un poulailler, de défricher une petite étendue de terre, qu'il sèmera de suite en maïs. La vente de sa première récolte lui permettra de compléter sa petite installation et de varier la ration que lui fournit l'administration.

Certains concessionnaires plus heureux reçoivent en partage, des concessions anciennes, défrichées, déjà exploitées, et devenues vacantes par suite de la mort ou de la dépossession de l'ancien titulaire. En avril 1884, l'ex-pharmacien de Paris, D..., encore condamné à perpétuité, reçut comme concession un terrain tout préparé de 7 hectares, avec gourbi et dépendances, à une demi-lieue du village. L'ancien concessionnaire avait renoncé à cette concession très bonne et très bien située, pour se faire passeur au gué de la Néra. Mieux, un transporté M... est mis en concession sur un terrain où l'administration avait planté de la canne ; M... la prend toute venue, et la revend ensuite à l'administration pour 800 francs. Ce concessionnaire a reçu 300 francs d'indemnité pour sa case. Comme il s'est marié à Bourail, il a touché en plus deux rations de vivres pendant trente mois, son habillement, un trousseau pour sa femme et le secours de 150 francs. L'installation de M... aura coûté à l'administration plus de 3,000 francs !

Tous les concessionnaires ne sont pas aussi favorisés que ceux dont je viens de parler. Quelquefois, au contraire, le terrain donné en concession a été mal choisi par l'agent de cultures de l'administration pénitentiaire ; il est trop marécageux ou trop maigre. Dans le haut de la Boghen, il y a eu un certain nombre de concessions dont on a reconnu, au bout de quelque temps, la mauvaise qualité : on a été obligé de déplacer les concessionnaires. Il y a quelques années, les concessionnaires ont été très éprouvés par les sauterelles et les inondations ; mais depuis 1881, ces deux fléaux ont disparu. Aujourd'hui, on peut dire, d'une façon générale, que le concessionnaire de Bourail, s'il est sobre et laborieux, a entre ses mains, sinon la fortune, du moins l'aisance. Il importe, en outre, que pendant les premières années il ne se laisse pas aller à emprunter sur ses récoltes futures.

Voyons ce que peut rapporter une concession moyenne : au bout de quinze mois, le concessionnaire peut avoir la moitié de son terrain en culture ; au bout de ses trente mois, les cinq ou six hectares seront en plein rapport. Prenons cinq hectares en moyenne et deux récoltes par an, en maïs : un hectare donne trente sacs de 100 kilos par récolte, donc soixante par an. Cinq hectares donneront trois cents sacs. Adoptons un prix du sac au-dessous de la moyenne, 8 francs, $300 \times 8 = 2400$. Une concession moyenne rapportera donc 2,400 francs par an. Il faut ajouter à ce revenu le produit de la vente des volailles, d'œufs, de fruits, de légumes. Avec ces ressources un concessionnaire rangé fera des économies, achètera un cheval, du bétail ; son voisin, qui est débauché, empruntera, laissera en friche une partie de son terrain, et sera misérable. Les produits importés sont très chers à Bourail (1), et le concessionnaire rural devrait avoir pour objectif de vivre des produits de sa terre, et d'acheter très peu dans les magasins du village. Jusqu'ici les concessionnaires ont vendu toute leur récolte de maïs ; ceux qui ont du manioc le donnent aux bestiaux ; et ils achètent du pain au village, à 0 fr. 25 centimes la livre. Pendant longtemps l'administration avait accordé à ceux des concessionnaires établis depuis plus de trente mois et n'ayant plus droit aux vivres, des cessions de pain remboursables. Sur les plaintes des boulangers de Bourail, les cessions furent supprimées ; le prix du pain diminua : on vendit le pain de 3 livres, 0 fr. 65 centimes. Le vin coûte 1 franc et quelquefois plus, le litre. Les pommes de terre atteignent souvent le prix de 0 fr. 50 centimes, le kilo. Avec ces prix élevés, le conces-

---

(1) Voir la note III : *Mercuriale de Bourail*, au 1er juillet 1885.

sionnaire est promptement endetté chez le marchand de Bourail. Celui-ci lui vend alors très cher les mauvais fonds de son magasin, et quand il lui achète sa récolte, il la lui paie moitié en argent, moitié en marchandises. Le prix de la récolte est ainsi abaissé d'un quart. Quand le concessionnaire est provisoire pour longtemps, le négociant arrête le crédit; quand il est sur le point de devenir concessionnaire définitif (1), propriétaire, le marchand fait crédit jusqu'à concurrence de la valeur de la concession. Dès que le concessionnaire a les titres de sa propriété, le commerçant fait saisir ou vendre. Des concessions se sont ainsi vendues à très bas prix, moins de 2,000 francs, c'est-à-dire moins que le revenu annuel. Ces ventes désastreuses auront, du moins au point de vue économique et social, un résultat éloigné, qui changera la face de Bourail : elles permettront aux colons, aux négociants libres, de s'établir sur le pénitencier que l'administration pénitentiaire avait tout entier accaparé. Dans le village, l'élément libre n'a pu s'insinuer que grâce à ce subterfuge ; l'administration refusait, de parti pris, toute vente ou toute cession de terrain à l'élément libre, pendant qu'elle distribuait à des transportés des lots urbains d'une assez grande valeur. Les terrains qui longent la route ou rue principale sont devenus rapidement assez chers. En 1885, un libéré concessionnaire, L...., a fait bâtir sur la place de l'Eglise, un hôtel de voyageurs ; à côté de lui, était établi un concessionnaire boulanger, B..... — L..... avait envie du terrain du boulanger pour agrandir son hôtel ; il lui en offrit 6,000 francs, qui furent refusés ; B..... voulait 10,000 francs.

Pour échapper à l'exploitation des commerçants de Bourail, les concessionnaires eurent l'idée de fonder un Syndicat. L'administration pénitentiaire approuva les statuts du Syndicat, et le ministère lui donna un encouragement de 500 francs. Le Syndicat devait transporter et vendre directement, à Nouméa, les récoltes des membres de l'association ; il devait installer à Bourail une boulangerie coopérative. L'idée du Syndicat était excellente, mais peut-être prématurée. Non pas qu'il ne fût pas nécessaire de réagir contre le monopole des commerçants de Bourail, mais le choix d'un bon comité était impossible. J'ai vu, à Bourail, comme président du Syndicat, le transporté concessionnaire I....., qui tenait à Boghen

---

(1) Au 1er juillet 1885, il y avait à Bourail, 91 concessionnaires définitifs, c'est-à-dire propriétaires.

un débit, une cantine assez mal famée : il avait été condamné non comme simple voleur, mais comme chef de bandes. Pour qu'un Syndicat soit possible, il faut laisser passer la vieille génération et le confier aux mains libres des fils de concessionnaires.

Les concessionnaires ruraux sont tous cultivateurs ; ils sont tenus d'exploiter eux-mêmes leur concession ; mais, en pratique, plusieurs font cultiver leurs terres. Ceux qui, après la libération, sont rentrés en possession de leur fortune, ou même les concessionnaires en cours de peine, qui, par des moyens plus ou moins détournés, font venir de l'argent de France, ou en gagnent à Bourail, tous ces gens-là ont des journaliers et des domestiques. J'ai vu des libérés domestiques chez des condamnés en cours de peine, et des hommes libres employés au service de libérés. Avec cette manière de faire, la mise en concession est bien une grâce anticipée, déguisée. Un jour, à Bourail, il passa un convoi d'élèves-concessionnaires, qui se rendaient à pied de Nouméa à Koné-Pouembout. Un d'eux, âgé de plus de 60 ans, se présenta à la visite du médecin : il n'était pas malade, mais fatigué. Je l'exemptai du travail à cause de son grand âge, et je lui dis : « — Mais dans votre concession il vous faudra travailler. — Monsieur, me répondit-il, j'ai des moyens, je ferai travailler. » — Quelques concessionnaires ruraux travaillent leur terre et exercent de plus le métier de forgeron ou maréchal-ferrant. Enfin, d'autres tiennent, pour leur compte ou pour le compte de commerçants de Bourail, une cantine ou débit de vins à emporter. Dans chaque centre il y a deux ou trois de ces cantines, où, malgré la loi, les concessionnaires boivent et trouvent le moyen de s'enivrer.

Les concessionnaires auxquels on n'a pas donné de terre à cultiver, sont groupés au village de Bourail : ce sont les concessionnaires urbains, artisans ou commerçants. L'administration leur donne un emplacement pour y bâtir une case ; réglementairement, ils devraient avoir, autour de la maison, un terrain assez vaste pour servir de jardin ; mais la mauvaise qualité des terres du coteau sur lequel est bâti Bourail, la déclivité des rues n'ont pas permis de faire des jardins. Il y a au village 103 concessionnaires urbains. Les principaux métiers sont représentés : tailleurs, cordonniers, charpentiers, menuisiers, maçons, bouchers, charcutiers, pâtissiers. Les coiffeurs sont très nombreux. — B... et C..., deux libérés, ont réussi à créer des maisons de commerce importantes et soutiennent la concurrence avec les négociants libres établis après eux. Quelques concessionnaires sont des ouvriers habiles et laborieux : ceux-là arrivent vite à l'aisance. Un tailleur, établi sur la place de l'Eglise, L..., s'est fait une réputation non-seulement à Bourail, mais dans la colonie. Mais, à côté de ces commerçants sérieux, actifs, et de ces artisans habiles et consciencieux, on rencontre comme concessionnaires urbains, des gens qui n'ont jamais voulu ou su travailler. Il y en a qui sont blanchisseurs parce que leur femme est blanchisseuse ; d'autres sont journaliers, manœuvres, commis de magasin. Il y a même un vétérinaire, un photographe ! Nous sommes bien loin de la lettre et de l'esprit de la loi du 30 mai 1854. Certes, le législateur n'avait pas prévu le résultat suivant, qu'on a pu voir, à Bourail, en 1884 : un ex-banquier, Chiron, et un ex-vicaire, Cameigt, après deux ou trois ans de bagne, mis en concession, et tenant à eux deux un petit débit de vins et liqueurs à emporter, pour le compte d'un tiers ! La création d'un village de concessionnaires, la concentration d'un certain nombre de transportés et de femmes détenues, ne pouvait avoir que des résultats désastreux. Les trois quarts des concessionnaires urbains ne travaillent pas, malgré le prix élevé de la main-d'œuvre et le travail qu'on leur offre de toutes parts. Ils fréquentent les cabarets et font de leurs maisons des lieux de recel ou de rendez-vous clandestins. J'ai connu de ces ménages d'ouvriers, un entre autres, celui du cordonnier S.... S... ne travaillait pas souvent : la misère était à la maison ; la femme mendiait, mais tous les soirs on pouvait voir au cabaret A..., S... jouer de l'accordéon pour faire danser les habitués et sa femme en première ligne.

Le village de Bourail comme centre de concessionnaires-artisans était inutile ; de même qu'il y a dans les concessions rurales des forgerons et des maréchaux-ferrants, il fallait répartir à la campagne les charpentiers, les maçons, etc., et laisser au pénitencier les bijoutiers, coiffeurs et autres, tous ces gens qui font parade d'une profession pour cacher leur véritable métier de receleur ou de proxénète.

§ 2. — LES MÉNAGES DE BOURAIL.

Quand il est installé, le concessionnaire, s'il est marié en France, peut demander à faire venir sa famille en Nouvelle-Calédonie. S'il est célibataire, il peut se marier à Bourail : après avoir obtenu l'autorisation de l'administration, il n'a plus qu'à se faire agréer par une des femmes transportées qui sont internées à l'établissement de Bourail, devenu fameux sous le nom de Couvent. Pendant longtemps les ménages de Bourail n'ont eu que l'une ou l'autre de ces deux origines : 1° familles venues de France pour rejoindre leur chef transporté ; 2° mariages contractés à Bourail avec des femmes transportées. Depuis quelques années, certains ménages se sont formés dans des conditions nouvelles : des concessionnaires ont pu se marier avec des filles libres, nées en France, venues en Calédonie pour rejoindre leur père condamné. Quelques-unes d'entre elles ont épousé des hommes libres : colons, anciens militaires, anciens surveillants. Il existe enfin des ménages où les deux époux sont libres, mais tous les deux fils de concessionnaires et nés en France. La colonie de Bourail entrera dans une ère nouvelle, le jour où l'on mariera deux enfants de concessionnaires, nés tous les deux sur le sol calédonien.

Au 1er juillet 1885, il y avait dans le pénitencier de Bourail, 264 ménages, classés de la façon suivante :

1° Ménages provenant d'unions accomplies dans la colonie avec des filles ou veuves transportées............	124
2° Ménages formés dans la colonie avec des femmes non condamnées...	16
3° Familles venues de France........................	43
4° Femmes venues des maisons centrales pour rejoindre leurs maris.....................................	45
5° Familles formées de transportés devenus veufs et ayant des enfants..	36
Total des ménages.......	264

On peut juger quelles variétés de combinaisons l'on observe dans les origines des ménages de Bourail. Il faut encore noter les faux ménages qui, là comme ailleurs, ont trouvé à se constituer. Ce ne sont pas les plus mauvais. Que deviennent la femme et les enfants légitimes abandonnés en France, peut-être honnis pour le crime de leur père, pendant que le coupable vit sans remords avec une nouvelle famille ?

Au point de vue du croisement des nationalités, les mariages de Bourail sont aussi très bigarrés. Parmi les transportés, à côté des Français qui forment la grande majorité, se trouvent des Arabes condamnés pour crime de droit commun ou déportés politiques, des Espagnols, (il y a à Bourail, à la Tarodière de Boghen, une véritable colonie espagnole), des Italiens, des coolies indiens, des Annamites. Aussi on peut voir des Arabes épouser des Parisiennes échappées de Saint-Lazare, et des Françaises se marier avec des Chinois.

Parmi les femmes qui viennent en Calédonie rejoindre leurs maris transportés, il convient de mettre en première ligne les volontaires, les femmes libres qui acceptent l'exil éternel pour aller vivre auprès de l'homme qui a déshonoré leur nom. Il a fallu vendre la maison, les lopins de terre, quitter le pays natal au milieu de l'indifférence ou de la haine publiques ; il a fallu supporter le très long trajet de France à Nouméa et à Bourail. Le cœur de la femme inspire de ces héroïsmes. Quelques-unes expliquent leur conduite par ces simples mots : « C'est mon mari ! » ; ou : « C'est le père de mes enfants ! » D'autres seraient prêtes à répéter les paroles de la Sapho, de Daudet : « Tu ne me feras jamais dire du mal de l'homme qui m'a adorée jusqu'à la folie, jusqu'au crime. » Malheureusement, même les femmes libres qui viennent rejoindre leurs maris, n'ont pas toutes conservé cette fière fidélité : témoin la femme B... que j'ai vu arriver à Bourail, en 1883 ; elle amenait à son mari, transporté depuis de longues années, une nichée d'enfants en bas-âge, entre autres une petite fille qu'elle avait eue sur le bateau où elle était passagère ; l'enfant avait pris le nom du bateau, *Océanie*. Qui, cependant, oserait jeter la pierre à ces malheureuses femmes, si l'on songe à leur triste situation après la condamnation du mari : ni mariées, ni veuves ! partout rejetées et méprisées ? Tel était leur injuste sort avant la loi Naquet (27 juillet 1884).

Le nombre des familles venues librement de France n'est que de 43 sur 264, c'est-à-dire 1 sur 6. On peut proclamer que les ménages ainsi reconstitués sont des meilleurs, ou, pour dire vrai, des moins mauvais. L'administration ne saurait montrer trop de sollicitude pour ces femmes ; malgré des exceptions, elles introduisent à Bourail un élément de réhabilitation, un principe régénérateur ; elles reportent le condamné vers l'époque où il n'avait pas failli, où il était libre et honnête !

Il existe à Bourail une seconde catégorie, bien différente, de femmes mariées en France et venues sur leur demande pour rejoindre leurs maris ; mais ces femmes étaient condamnées elles-mêmes et internées dans des maisons centrales. Il y a à Bourail 45 de ces ménages ; ce chiffre paraît très élevé. On peut se demander si dans ces cas on a affaire à des femmes condamnées par complicité dans la même cause que leurs maris, ou bien si ces mariages, postérieurs à la condamnation des deux époux, ont eu lieu dans une maison centrale de France, quelques jours avant le départ du mari pour la Nouvelle. Il n'y a pas qu'à Bourail que l'on marie les condamnés et on les marie aussi lestement que dans les pénitenciers calédoniens. L'histoire de la femme Guérin, — la femme aux deux maris, — qui se passa à Bourail, en 1884, est très instructive à cet égard. Il y a sept ou huit ans, la femme Guérin, alors fille, subissait une peine à l'emprisonnement, à Versailles ; dans la même prison se trouvait un condamné aux travaux forcés, Louis Guérin, qui allait être transporté à la Nouvelle-Calédonie. Quelques jours avant le départ, après une entrevue qui, au dire de la femme, dura un quart d'heure, on marie les deux condamnés. L'homme part, arrive en Calédonie et ne donne pas de ses nouvelles. La femme en demande au ministère. On écrit à l'administration pénitentiaire en Calédonie. Par hasard, il se trouvait au bagne, en ce moment, deux Louis Guérin : l'un ayant le n° 8523, l'autre le n° 1129. Les bureaux se trompent et renvoient au ministère des renseignements sur le faux Guérin, sur celui qui n'avait jamais été à Versailles, qui n'avait jamais été marié. La femme lui écrit : le misérable qui voit là une occasion de pêcher en eau trouble, reçoit les lettres et répond. Après un échange de nombreuses lettres, la femme demande à l'administration l'autorisation d'aller rejoindre son mari ; le faux Guérin, de son côté, est mis en concession à Bourail, à Boghen, en attendant sa femme. Enfin elle arrive à Bourail, en juillet 1884. Guérin, averti, se rend au Couvent et se trouve en présence de celle que l'on dit sa femme. Naturellement elle ne reconnaît pas son Guérin ; elle trouve qu'il a vingt ans de plus ; l'homme balbutie que les malheurs et le bagne l'ont terriblement changé et vieilli. On part pour la concession. Au bout de 7 à 8 jours, Louis Guérin et la femme Guérin, n'ayant pas réussi à se reconnaître, vont chez le commandant du pénitencier ; la femme déclare qu'on lui a changé son mari ; celui-ci donne des explications très embrouillées. Le commandant déclare que l'administration ne s'est pas trompée et les renvoie chez eux. Au bout d'un mois, ils reviennent à la charge ; cette fois, on télégraphie, on prend des informations, on reconnaît que le concessionnaire Guérin n'a jamais été marié. Et comme on lui demandait s'il avait abusé de son titre d'époux : « Oh ! je suis trop vieux, répondit-il ; d'ailleurs, je crois qu'elle m'avait remplacé. » La femme réclame alors son vrai mari et demande qu'il soit mis en possession de la concession. On refuse, parce que le vrai mari est un transporté d'une conduite exécrable. En attendant, le faux mari est réintégré au camp et la femme renvoyée au Couvent.

Restent les mariages contractés à Bourail. Je passerai pour le moment les ménages formés dans la colonie avec des filles ou veuves non condamnées ; j'y reviendrai en parlant des enfants de Bourail. Ces ménages sont malheureusement trop peu nombreux encore ; on n'en compte que 16. Les mariages contractés à Bourail (1) avec des femmes détenues sont au contraire très nombreux : ils ont formé 124 ménages, plus de la moitié.

Les filles ou veuves détenues, qui sont mariées à Bourail, ont été transportées en Nouvelle-Calédonie sur leur demande. Il ne faut pas croire qu'elles aient été toutes condamnées aux travaux forcés ; sur 100 femmes détenues transportées à Bourail, il y en a 60 condamnées aux travaux forcés ; les 40 autres ont été condamnées à la détention, à l'emprisonnement ; quelques-unes n'ont encouru que des condamnations relativement légères : deux années ou même un an de prison. Une, arrivée en 1883, sortait simplement d'une maison de correction. Tous les ans, une inspectrice des prisons fait une tournée dans les maisons centrales et recrute des fiancées pour les concessionnaires. Si l'on en croyait les femmes de Bourail, elles auraient été séduites par l'éloquence de Mme l'inspectrice, qui leur promet merveilles. Les femmes qui ont accepté la transportation, sont dirigées sur Bordeaux et embarquées sur un bateau de la maison Tandonnet ou Ballande. Elles sont surveillées à bord par quelques Sœurs de l'ordre de Saint-Joseph de Cluny. Arrivées à Nouméa, elles sont amenées à Bourail sur un bateau de guerre de la station locale : on choisit le meilleur marcheur qui puisse faire facilement dans la journée le trajet de Nouméa à Bourail.

---

(1) Le premier mariage contracté à Bourail entre transportés, a eu lieu le 22 février 1871.

Le chargement pourrait être dangereux la nuit : *custodes ipsos quis custodiet* ? A Bourail, les femmes sont internées au Couvent.

Cet établissement a pris le nom de Couvent à cause des Sœurs de Saint-Joseph de Cluny, qui ont accepté la rude tâche de diriger et de surveiller ce bagne féminin. Elles sont au nombre de 4 ou 5 et n'ont pour les seconder que quelques condamnés Arabes, parlant mal le français, et choisis parmi ceux qui paraissent le plus réfractaires à toute corruption. Les Sœurs ne font appel aux surveillants militaires que dans des cas graves et exceptionnels. Le Couvent est malencontreusement placé dans un bas-fond, entre l'Ecole des filles, qui sont souvent scandalisées par la conduite des femmes détenues, et la Caserne des soldats d'infanterie de marine, tout prêts à ne voir là qu'une distraction. C'est une enceinte murée, renfermant le logement des Sœurs, deux grands dortoirs et une infirmerie où sont traitées les femmes et les enfants des concessionnaires. Dans la cour, les cuisines et une petite prison contenant 3 cellules.

Il y a à peu près un convoi par an. Le convoi arrivé, en 1884, était parti de Bordeaux, le 12 février 1884, sur le vapeur le *Nantes*. Des avaries graves forcèrent à transborder au cap de Bonne-Espérance les passagers sur le steamer *Dupuy-de-Lôme*, qui mouilla à Nouméa, le 13 juillet. Les femmes arrivèrent à Bourail sur le croiseur le *Duchaffaut*, le 15 juillet. Le convoi comprenait :

      50 femmes condamnées ;
       6 enfants de femmes condamnées ;
       5 femmes venant rejoindre leur mari ;
      20 enfants venant rejoindre leur famille.

Total... 81 personnes.

Le Couvent de Bourail est une prison étrange, monstrueuse. On y a expédié les fleurs du mal, le dessous du panier des maisons centrales de France (1). Un grand nombre des femmes du Couvent ont été filles soumises et ont passé par les maisons de tolérance avant de s'échouer sur le banc de la cour d'assises. Malgré l'active surveillance des Sœurs, elles fument « la cigarette qui avculit », elles s'enivrent en gardant pendant plusieurs jours leur ration de vin. A la

---

(1) Voir la note IV.

moindre querelle, elles s'invectivent dans le jargon des halles et des bouges. En attendant que par le mariage qu'on leur a promis, elles recouvrent la liberté de la débauche, — elles se livrent, dévergondées, au tribadisme et au saphisme le plus cynique. Le règlement les oblige à des travaux de couture ; mais elles ne travaillent que lorsqu'elles confectionnent leur trousseau. Elles sortent le dimanche pour aller à la messe, à l'église du village, et le mardi, pour aller à la rivière laver leur linge. C'est dans ces sorties que les transportés qui ont obtenu l'autorisation de se marier, peuvent les voir et faire leur choix. Le futur frappe à la porte du Couvent, et informe les Sœurs de ses projets. Les Sœurs font venir la femme désignée, et leur ménagent une entrevue dans un kiosque situé en dehors de l'enceinte, à quelques pas de la porte du Couvent. Les Sœurs appellent cela : « faire parloir » ; en jargon de Bourail, on dit : « faire paddock. »

Les entrevues ont lieu sous la surveillance des Sœurs. Le mariage est bientôt bâclé. Pour redevenir libres, les femmes qui ont une longue détention à subir, celles qui sont condamnées aux travaux forcés à perpétuité, épouseraient n'importe qui. La femme E. P....., l'ancienne maîtresse de Maillard, une jeune Parisienne aux vices raffinés, consentit à se marier avec un vieil Arabe, concessionnaire à Néméara. Quelquefois, certaines détenues, qui n'ont plus que quelques mois de prison à faire, résistent à toute sollicitation et refusent de se marier. Un jour, le directeur de l'administration pénitentiaire demandait à une de ces récalcitrantes pourquoi elle ne se mariait pas, comme les autres ; celle-ci lui répondit : « Je veux faire la vie pour moi, et non pas pour mon mari. » Le jour où ces femmes ont fini leur peine, elles vagabondent à Bourail ou s'en vont à Nouméa, augmenter le nombre des filles publiques.

En pratique, presque tout le convoi est marié dans l'espace de trois mois. Un décret spécial a accordé aux conjoints certaines dispenses. Ils n'ont pas à demander l'autorisation des parents, ni à faire les publications en France ; les actes de l'état-civil peuvent être remplacés par un acte de notoriété. Cependant les papiers mettent un certain temps pour revenir de Nouméa ; on attend l'autorisation du Conseil privé colonial. Enfin les autorisations arrivent en bloc ; les mariages auront lieu le lendemain. Dès le matin, le Couvent se remplit de mariées aux toilettes plus ou moins bruyantes ; le cortège se forme, précédé du classique violoneux ; on arrive à la Mairie, qui est simplement le logement de l'employé de l'administration pénitentiaire, qui remplit, à Bourail, les fonctions d'officier de l'état-civil. On les marie *prestissimo* : j'ai vu, en une fois, marier 26 couples, une seconde fois 23. Dès qu'un couple a fini à la Mairie, il prend le chemin de l'Eglise, où le curé de Bourail donne la bénédiction nuptiale. Après la cérémonie, les mariés et leurs amis s'en vont dans les cabarets faire la noce et dépenser les 150 francs que l'administration leur donne, ce jour-là.

On devine aisément quels résultats peuvent donner ces mariages ou, pour parler plus justement, ces accouplements. Dès le lendemain du mariage, quelquefois le jour même de la noce, les querelles commencent, des coups sont échangés. On a vu, quelques heures après la fin de la cérémonie, une femme du Couvent et son nouveau mari concessionnaire de la Foa, H..... s'injurier et se battre dans les rues du village. Il fallut qu'un surveillant accompagnât la femme au domicile conjugal. Quelques jours après on apprenait qu'elle avait été assassinée par H... De pareils faits ne sont pas rares à Bourail, et l'on s'y blase vite sur ces incidents. Deux Arabes de Nessadiou ont ainsi assassiné leurs femmes qui, mariées, continuaient leur première vie de débauches. Tous les maris de Bourail ne sont pas aussi farouches. La légende en représente quelques-uns passant leurs femmes sur leurs épaules au gué des rivières, pour que ces dames ne salissent pas leurs bottines avant d'arriver au village de Bourail. D'autres accompagnent leur moitié à Bourail le samedi soir, lui disent bonsoir, et la reprennent le lundi matin pour rentrer à la concession.

De ces mariages si divers, si étranges, sont nés des enfants. Ils forment la fraction la plus intéressante de la population de Bourail.

§ 3. — Les enfants des concessionnaires.

A. Dumas fils a écrit sur les enfants naturels les lignes suivantes : « Admettons que l'amant et la maîtresse ne vaillent pas
« mieux l'un que l'autre, admettons enfin tout ce que vous voudrez :
« le produit de cette double faute, l'enfant, le petit, *le petit* qui vient
« de naître, qui n'a commis aucune faute, il est toujours là, lui, inno-
« cent, dans l'impossibilité de se défendre et de pourvoir à ses
« besoins. Laissons donc de côté le père et la mère, quelles que
« soient nos appréciations philosophiques ; ne nous occupons que

« du petit, et tâchons de trouver le moyen de le faire vivre, puis-
« qu'il le demande, puisque c'est son droit, puisque c'est notre
« devoir de l'y aider, à partir du moment où nous nous constituons
« en société, au nom du christianisme, tant invoqué par les uns, au
« nom du progrès et du développement social, tant invoqués par les
« autres. »

Ces paroles, si vraies et si éloquentes, peuvent s'appliquer, avec quelques légères variantes, aux enfants des concessionnaires de Bourail. Quelque opinion qu'on puisse avoir sur l'opportunité de la colonisation pénale, on reste en présence de faits accomplis : les mariages ont eu lieu. Les ménages sont mauvais, les mariés peu intéressants ; soit. Mais voici que l'enfant est né ; dès lors la famille entre dans une phase nouvelle : le passé odieux des parents s'éloigne devant l'enfant avec sa grâce innocente, l'enfant qui représente l'inconnu et l'avenir avec ses illusions peut-être, mais aussi avec ses espérances de réhabilitation ;

> Et les plus tristes fronts, les plus souillés peut-être
> Se dérident souvent à voir l'enfant paraître,
>   Innocent et joyeux.
>
> (V. Hugo.)

Quant à l'administration pénitentiaire, elle a le devoir d'entourer les enfants de Bourail de toute sa sollicitude : elle a fait faire les mariages ; elle a voulu des enfants ; elle en a la responsabilité. Elle doit comprendre que l'avenir de la colonie pénitentiaire est intimement lié à l'avenir de la génération nouvelle. Les résultats matériels obtenus jusqu'à ce jour, si importants qu'ils soient ; le défrichement et la culture des concessions, la création du village ne sont qu'une solution apparente et factice : l'expérience ne sera définitive que le jour où les enfants des concessionnaires, ayant pris la place des anciens convicts, fourniront une population meilleure que leurs pères, laborieuse, attachée au sol de la nouvelle patrie.

Cette population, il fallait la former par l'éducation.

La société moderne a répudié depuis longtemps la maxime barbare que l'enfant est responsable des fautes et des crimes du père. A cet égard, il est vrai, des préjugés invétérés ne sont pas éteints ; mais la loi, juste et généreuse, épuise ses rigueurs sur la tête du coupable et traite avec impartialité, comme les autres citoyens, les enfants du criminel ; au contraire, l'Etat leur doit, comme aux pauvres et aux abandonnés, aide et protection. D'autre part, on ne saurait méconnaître l'influence de l'hérédité sur le développement moral et physique de l'enfant ; elle est considérable. Heureusement la théorie de l'hérédité n'est pas vraie d'une façon absolue. Les effets de l'hérédité, si puissants qu'ils soient, sont atténués, modifiés, annihilés par deux forces nouvelles : 1° l'innéité, c'est-à-dire la part propre individuelle, géniale, que chaque enfant apporte en naissant ; 2° l'éducation, c'est-à-dire la succession des milieux dans lesquels l'enfant se développe, la série des exemples qu'il a sous les yeux.

Si l'on veut appliquer ces données générales aux enfants des concessionnaires de Bourail, on reste effrayé du sombre pronostic que l'on est amené à porter, des résultats désastreux que l'on est entraîné à prévoir. Chez eux, — origine et milieu ambiant, — tout est vicié. Pour combattre ces dispositions mauvaises, ces diathèses sociales, il aurait fallu un élevage particulier, une éducation spéciale. L'administration pénitentiaire devait déclarer qu'avant d'être aux concessionnaires, ces enfants étaient à elle, à la société, à l'Etat. On n'aurait pas, je pense, à Bourail, objecté la liberté du père de famille, dont on a quelque peu voulu abuser en France dans ces derniers temps. L'administration pénitentiaire n'a pas eu la virilité spartiate que réclamait l'état des choses. Elle s'est contentée d'ouvrir à Bourail des écoles banales. Elle a eu cependant le mérite d'obliger les parents à y envoyer les enfants jusqu'à l'âge de 12 ou 13 ans. Là se sont arrêtés ses efforts en matière d'éducation. Ils ont été notoirement insuffisants : il est à craindre que par son manque d'énergie, l'administration n'ait laissé s'élever à Bourail une génération qui ne sera, hélas ! que trop l'image de l'ancienne.

Au 1er juillet 1885, on comptait sur le pénitencier 362 enfants de concessionnaires ; si l'on ajoute les 40 enfants habitant Trazégnies, on arrive au chiffre de 400 enfants issus de transportés, sur le territoire de Bourail. Sur ce nombre un tiers ou un peu moins d'un tiers sont nés en France et sont venus rejoindre le père condamné ; les deux autres tiers sont nés dans la colonie. Le climat chaud et salubre de la Nouvelle-Calédonie convient très bien aux enfants ; les femmes y sont fécondes. A Bourail même, malgré les tares apportées par les mariés, malgré la misère et les mauvais soins, malgré les avortements, en un mot en dépit de tout, la population enfantine est dense et assez bien venue. Pendant l'année 1884, il y a eu à Bourail 50 naissances : sur ces 50 naissances, 5 regardent le personnel libre ; 45 les concessionnaires. Dans cette même année 1884, il y a eu 53 décès, 9 par mort violente, 44 à la suite de maladies ; les enfants au-dessous de 5 ans décédés, sont au nombre de 15, dont 1 mort-né.

Le plus grand nombre des enfants des concessionnaires de Bourail n'a pas dépassé l'âge de dix ans ; mais à côté, on en rencontre une proportion notable échelonnée depuis l'âge de 10 ans jusqu'à l'adolescence, la jeunesse et même l'âge mur. Plusieurs sont mariés et ont des enfants : c'est la seconde génération qui commence à Bourail, les petits-fils des transportés. Les fils de concessionnaires qui ont atteint l'âge de 21 ans, sont électeurs : aux élections de 1884 pour le choix du délégué de la Nouvelle-Calédonie au Conseil supérieur des colonies, aux élections plus récentes de 1885, pour le Conseil général, sur 50 électeurs inscrits à Bourail, il y avait 23 fils de concessionnaires, — près de la moitié des électeurs. Le nombre des fils de concessionnaires qui auront le droit de vote ira, tous les ans, en grossissant rapidement ; ils formeront bientôt la majorité dans le centre le plus important de la Nouvelle-Calédonie, après Nouméa. C'est un nouvel élément avec lequel il faudra compter.

Un certain nombre de filles de concessionnaires se sont mariées à Bourail. Les unes ont épousé des concessionnaires en cours de peine, d'autres des libérés, quelques-unes des hommes libres. Un des plus anciens concessionnaires de Bourail, T..., établi à la Gendarmerie, avait deux filles : la première a épousé un colon libre, d'origine australienne ; la seconde s'est mariée à un surveillant militaire, et, devenue veuve, a épousé encore un surveillant. Cependant nous n'avons pas vu à Bourail d'union aussi inattendue que le mariage contracté, à La Foa, entre la fille d'un concessionnaire, D... et un commis de l'administration pénitentiaire qui avait rempli, dans ce centre, les importantes fonctions d'officier d'administration. Les ménages ainsi formés, où la femme, malgré les vices de son éducation, n'a pas de passé déshonoré, ne sont pas comparables, heureusement, aux familles recrutées au Couvent. Le nombre de ces ménages est encore assez restreint ; sur le pénitencier de Bourail il en existe 16. Si l'on y ajoute les ménages où l'homme et la femme sont tous les deux libres, n'ont pas de concessions, et par conséquent ne sont pas portés sur la statistique de pénitencier, on arrive à une trentaine. C'est encore trop peu ; mais, chaque année, les mariages de fils ou de filles de concessionnaires deviendront plus nombreux. A fur et à mesure que grandit la jeune génération, la proportion des garçons et des jeunes filles nubiles augmente ; et dans quelques années, même à Bourail, les femmes du Couvent ne trouveront guère preneurs. On peut dès aujourd'hui supprimer l'importation à Bourail des femmes détenues. Qu'on transporte le dépôt des femmes condamnées à La Foa ou à Koné-Pouembout, si sur ces nouveaux centres pénitentiaires on se trouve forcé de recourir à ces moyens ; mais, qu'on en débarrasse Bourail, où il y a assez de filles à marier, et l'on aura supprimé une cause puissante et sans cesse renaissante de démoralisation..

Pour les enfants de cinq à quatorze ou quinze ans, l'administration pénitentiaire a créé deux écoles : l'une de garçons, dirigée par des Frères ; l'autre de filles, confiée aux Sœurs de Saint-Joseph de Cluny. L'externat est gratuit ; il y a un certain nombre d'internes aux frais de l'administration ou des parents qui paient une somme très modique. Les concessionnaires sont obligés d'envoyer leurs enfants aux écoles jusqu'à l'âge de douze ou treize ans. En 1884-85, chaque école a compté 70 élèves.

Je me plais à proclamer le dévouement des Frères et des Sœurs des écoles de Bourail, et je reconnais les services que rendent ces établissements ; mais dans un milieu spécial comme Bourail, le système d'enseignement suivi dans ces deux écoles, insuffisant, incomplet, ne saurait atteindre le but : faire des enfants de Bourail des colons, des ouvriers honnêtes, laborieux, habiles, pouvant vivre de leur métier, utiles à la colonisation. Les écoles de Bourail peuvent se définir en quelques mots : ce sont des écoles médiocres d'une commune rurale pauvre et populeuse. On y garde les enfants pendant les années où ils ne peuvent aider leurs parents ; on leur enseigne les notions les plus rudimentaires, et on les prépare par des exercices religieux multipliés, à la première communion, qui semble être le but et la fin de l'instruction. *Les écoles de Bourail auraient dû être des écoles professionnelles*, des ateliers d'enfants, où ils auraient pu apprendre l'agriculture pratique, les métiers usuels, où ils auraient travaillé le bois, le fer, la pierre. A l'école des Frères on distribue bien aux enfants quelques outils pour travailler un carré du jardin ; mais c'est plutôt une récréation qu'un travail. Pendant quelques années, on avait installé à la Ferme-Ecole, dans la vallée de Néméara, un enseignement agricole professionnel ; il a été abandonné. On revient aujourd'hui à cette idée ; on étudie de nouveau la création d'une école spéciale. A qui l'administration pénitentiaire songe-t-elle à confier la direction de cet enseignement ? Elle a demandé en France 4 Frères : ceux-ci non-seulement ne sont pas instituteurs diplômés, mais ils sont complètement étrangers aux professions manuelles.

Les enfants restent trop peu de temps aux écoles de Bourail ; ils en sortent généralement l'année qui suit leur première communion, vers l'âge de 12 ou 13 ans. Ils habitent alors dans les concessions, avec leurs parents qui les corrompent promptement par les mauvais exemples et quelquefois même par les mauvais conseils. Je me rappelle que je fus appelé un jour, à l'école des filles, auprès d'une jeune élève, de douze à treize ans. C'était une jolie enfant, d'une tenue simple et réservée : « Nous en sommes très contentes, me dit la Sœur supérieure ; elle se conduit très bien. Mais malheureusement elle va rentrer dans sa famille. Sa mère ne vaut rien : elle la vendra avant un an. »

Les concessionnaires mariés n'auraient jamais dû conserver les droits des pères de famille. Jusqu'à leur mariage ou jusqu'à leur majorité, les enfants auraient dû relever uniquement de l'administration, représentée par des inspecteurs. En France, on a organisé la protection des enfants abandonnés. A Bourail, l'abstention de l'administration amènera des résultats déplorables. En juillet 1885, la fille d'un concessionnaire D..... quitta le domicile paternel et le pays pour suivre un stockman à Gomen, au Nord de l'île. Le frère de cette fille, qui était employé sur une station de bétail aux environs de Bourail, en apprenant l'escapade de sa sœur, accourut et porta plainte au commissaire de police, qui était un surveillant de l'administration. Celui-ci apprit que la fille s'était en allée au su du père et peut-être avec son agrément. Il déclara au fils D... que, le chef de la famille ne portant pas plainte, la police ne pouvait pas agir. Qui, pourtant, aurait dû être considéré comme chef de famille, le père concessionnaire, l'ancien forçat, ou le fils majeur, citoyen libre ? A mon avis, la réponse n'est pas douteuse.

§ 4. — LES TRANSPORTÉS NON CONCESSIONNAIRES.

LE PERSONNEL LIBRE.

Les transportés non concessionnaires, qui habitent le territoire de Bourail, se divisent en libérés et en condamnés en cours de peine.

Au 1er juillet 1885, il y avait à Bourail 200 libérés non concessionnaires. Ce nombre dépasse de beaucoup le chiffre moyen. L'affluence des libérés à Bourail à cette époque fut amenée par le chômage des mines néo-calédoniennes, qui survint dans les premiers mois de 1885. Par suite de la cessation presque complète des travaux miniers dans les districts de Thio et de Houailou, un grand nombre de libérés se trouvèrent sans ouvrage. L'administration pénitentiaire voulant prévenir les désordres que pouvait entraîner cette situation, dirigea les libérés des 2e et 3e arrondissements sur Koné et sur Bourail. Dans ce dernier poste on en employa une centaine aux travaux du tramway entre le 6e et le 8e kilomètres, et à la Ferme-Ecole. Les libérés étaient logés, nourris et recevaient un franc par jour. Peu à peu, ils abandonnèrent le camp et s'engagèrent chez les concessionnaires : la discipline leur pesait. Chaque jour voyait diminuer leur nombre. Les chantiers de libérés furent licenciés le 10 juillet 1885. La population libérée à Bourail est, en dépit de la surveillance, nomade et vagabonde. Le libéré change souvent de maître, de patron et même de profession. Il aime le séjour de Trazégnies, qui est considéré comme terre libre et où il ne rencontre pas de surveillants.

Les transportés en cours de peine sont très nombreux à Bourail, plus de 500. Ils sont répartis dans le camp central placé à l'entrée de la vallée de Néméara, à un kilomètre du village, et dans divers camps annexes situés dans les différents centres. La plupart sont employés, soit à l'usine sucrière de Bacouya, soit aux travaux de routes. Un certain nombre travaille à la boulangerie de l'administration, aux corvées des vivres ; d'autres sont détachés comme infirmiers à l'hôpital. C'est dans ce dernier poste qu'on a pu voir, employés à la pharmacie, D..., le pharmacien de la rue Maubeuge, et le fameux Fenayrou. D... est aujourd'hui concessionnaire dans la Pouéo. Fenayrou est, dit-on, élève-concessionnaire à Koné.

Pendant de longues années, on s'était appliqué à n'envoyer à Bourail que des transportés de 1re et 2e classe, c'est-à-dire de conduite relativement bonne. Mais, en 1883, 250 condamnés, extraits des cellules de l'île Nou par ordre du gouverneur Pallu de la Barrière, furent expédiés au camp de Néra, pour les travaux du tramway de Bourail à la mer. Ils y arrivèrent en même temps qu'on installait comme concessionnaires des gens qui ne valaient pas beaucoup plus qu'eux. La tranquillité du pénitencier s'en ressentit ;

on vit se multiplier les évasions, les vols, les assassinats. Les 250 cinquièmes classes envoyés par M. Pallu, disparurent assez rapidement de Néra : ils s'évadèrent, furent renvoyés au camp disciplinaire de Tomo, ou traduits en conseil de guerre. Mais pour longtemps ils avaient troublé Bourail. Il serait utile d'éloigner de Bourail le camp des transportés en cours de peine, de leur défendre l'accès du village traversé à toute heure par des files interminables de corvées de condamnés.

Au milieu de cette population pénale, se trouve, noyé dans le nombre des condamnés, formant pour ainsi dire une colonie à part, le groupe des fonctionnaires, officiers et agents divers, chargés d'administrer le pénitencier et d'y maintenir l'ordre et la sécurité. Presque tous relèvent de l'administration pénitentiaire, très prépondérante et très jalouse de sa prépondérance. A leur tête est placé le commandant du pénitencier, longtemps choisi, à cause de l'importance des questions agricoles, parmi les agents de colonisation ou de culture. Il a sous ses ordres directs : pour l'exploitation des concessions rurales, un ou deux agents de culture ; pour la police, un surveillant chef, assisté d'une trentaine de surveillants militaires. Le commandant exerce un contrôle général sur les autres services : ponts-et-chaussées, administration et comptabilité, service médical. Le commandant et le surveillant-chef sont officiers de police judiciaire et ont droit de réquisition. A moins d'urgence, les fautes disciplinaires sont jugées par un conseil appelé *prétoire*, présidé par le commandant assisté de quelques fonctionnaires parmi lesquels on est étonné de rencontrer le conducteur des ponts-et-chaussées. Tous les deux mois, un juge de paix, qui réside on ne sait trop pourquoi à Canala, vient à Bourail entendre et juger les contestations survenues entre les concessionnaires et les commerçants de Bourail. Ce magistrat a une compétence plus étendue que les juges de paix des cantons de France. Les affaires civiles portées devant lui sont nombreuses (procès-verbaux pour ivresse, pour insultes aux surveillants ; coups et blessures ; dégâts commis par le bétail, etc.) Le juge de paix est accompagné d'un greffier qui fait les fonctions de notaire.

La direction de l'intérieur, c'est-à-dire l'autorité civile indépendante de l'administration pénitentiaire, n'a pas de représentant direct à Bourail. Le chef du 3ᵉ arrondissement administratif réside à Houaïlou, sur la côte Est ; il vient de temps en temps à Bourail. Son action y est très restreinte ; l'administration pénitentiaire lui dispute même la propriété de la maison qui lui sert de pied à terre. Ses pouvoirs restent platoniques à côté de l'administration pénitentiaire, qui tient toute la terre, les bâtiments, le budget. Le chef d'arrondissement a sous ses ordres les postes et télégraphes et le service topographique.

Le personnel libre comprend tous les fonctionnaires administratifs et les surveillants, avec leurs familles ; la petite garnison d'infanterie de marine, formée d'une demi-compagnie commandée par un capitaine ; et les colons libres. A part ces derniers, le personnel libre constitue une population mobile, se renouvelant très fréquemment. En deux ans, il y a eu trois commandants de pénitencier ; en moyenne, les fonctionnaires ne passent pas plus d'un an à Bourail. L'administration pénitentiaire n'a jamais songé à retenir dans le même poste ses employés, qui seraient devenus d'excellents colons. Un officier ou un fonctionnaire qui aurait acheté des terres, aurait été accusé de spéculation, de concussion. Les agents de l'administration, nomades, ne s'intéressent pas à leur résidence : dans les concessions rurales de Bourail, on reconnaissait au premier coup d'œil la maison du surveillant du centre : elle se distinguait des cases des concessionnaires en ce qu'elle était entourée d'un terrain en friche, abandonné.

§ 5. — Coup d'œil général sur la colonisation pénale a Bourail.

Si l'on se borne à un examen rapide et superficiel, la question de la colonisation pénale peut paraître résolue à Bourail. Le village de Bourail est le chef-lieu d'un canton fertile, cultivé, exportant une partie de ses produits, pouvant nourrir sa population qui, chaque année, augmente et par l'immigration et par les naissances. D'autre part, la tranquillité semble régner dans ses campagnes à population disséminée. Mais, si l'on se donne la peine de gratter Bourail, si l'on veut connaître les bas-fonds où se réfugient, souvent de concert, le vol et la prostitution, on reste bien vite convaincu de la fragilité de l'échafaudage factice construit à tant de frais par l'administration pénitentiaire. La devise prétentieuse qu'à une certaine époque on avait voulu donner à Bourail : Réhabiliter, Civiliser, Produire, contient autant d'erreurs que de mots. Certes, je ne prétendrai pas qu'il n'y ait pas quelques transportés ayant cherché, grâce aux conditions de ce nouveau milieu social, à effacer le souvenir de leur condamnation. Je ne nierai pas les efforts qui ont été produits pour faire des vallées marécageuses de Bourail, la belle campagne que nous admirons. Pour atteindre ce but, certains commandants, entre lesquels il faut citer M. de Giverdey, qui personnifiait l'esprit d'exclusion et l'autocratie de l'administration pénitentiaire, ont déployé une grande activité et une grande énergie. Mais, dans une entreprise de ce genre, il faut juger les résultats généraux. Or, au point de vue de la réhabilitation, on est forcé de constater que Bourail est loin d'être une école de moralisation ; si l'on pouvait appliquer le mot de perdition à des gens déjà condamnés aux travaux forcés, nous dirions que Bourail, au contraire, a perdu plus de transportés qu'il n'en a ramené au bien. Reste la question de production. Pour la juger sainement, il faudrait pouvoir mettre en parallèle, les comptes en mains, ce qui a été fait et ce qu'on aurait pu faire pour la colonisation générale ; d'un côté, les millions dépensés, de l'autre les résultats matériel et moral obtenus. Le parallèle serait, je le crains, défavorable à l'administration. Jusqu'à présent elle n'a réussi qu'à créer un établissement fermé, sans connexion avec un programme d'utilité publique, et à constituer une catégorie de condamnés, favorisés outre mesure, souvent placés dans de meilleures conditions matérielles qu'avant leur condamnation, et dont le travail, uniquement personnel, ne sert que très indirectement la colonie et l'Etat.

Tous ceux qui ont habité ou visité Bourail, tous ceux qui connaissent la beauté et la salubrité de son climat, la fertilité des concessions rurales n'ont pu se défendre de faire un rapprochement gros de réflexions : ils ont comparé le sort des concessionnaires à celui des pauvres et honnêtes paysans de certaines parties de la France. Ils se sont dit qu'avant de chercher la régénération douteuse d'un condamné, l'Etat avait le devoir de prévenir la faute et de consacrer une partie du budget pénitentiaire à combattre la misère, cause de tant de crimes. *Malesuada fames.* Un des meilleurs moyens de combattre la misère dans un pays trop peuplé est d'encourager et de faciliter l'émigration libre. Le Bas-Breton, qui, il y a quelques mois, aux portes de Brest, noyait sa femme et ses enfants qu'il ne pouvait nourrir, cet homme n'aurait pas songé à son crime s'il avait pu partir pour une colonie, s'il avait su y trouver des ressources. La société l'a condamné, il va être transporté ; il fera un excellent concessionnaire. Il aurait fait, avec sa famille, un bon colon, si on lui avait donné seulement une partie des 3,000 francs que l'administration pénitentiaire a payés au concessionnaire Marcadié pour son installation à Néméara. Les gens qui ont vu l'aisance de certains concessionnaires ont déclaré que c'était une prime au crime. Ils répètent la réponse d'un concessionnaire de la vallée de Pouéo à l'amiral de Pritzbuer, gouverneur de la Nouvelle-Calédonie. Comme l'amiral le félicitait sur ses travaux de défrichement et lui demandait s'il se trouvait bien dans sa concession : « Bien, lui répondit le concessionnaire ; *si j'avions su, je serions venu dix ans plus tôt.* » Je crois la réponse apocryphe ; mais elle peint un côté de la question. Sans sortir de la Nouvelle-Calédonie et sans aborder les questions sociales générales, on est amené à reconnaître que l'immigrant libre est moins favorisé que le condamné concessionnaire. Tous les Néo-Calédoniens ont fait le rapprochement, et notamment ont comparé les six mois de vivres que touchent les colons de Koné, aux trente mois que l'administration pénitentiaire donne aux transportés de Bourail.

L'exécution de la loi, fort sage, du 30 mai 1854, a été confiée à des hommes qui en ont torturé le texte et faussé l'esprit. Les fautes de l'administration peuvent se condenser sous deux chefs : 1º La mise en concession, au lieu d'être une faveur exceptionnelle, est devenue une mesure banale, souvent injuste ; 2º L'administration pénitentiaire a voulu tout accaparer, tout absorber dans la colonie. Dans l'examen de ces griefs, je ne me laisserai pas aller sur une pente facile, et je m'en tiendrai strictement aux questions intéressant Bourail. J'ai déjà montré quelle négligence coupable on avait apportée dans le choix des concessionnaires : j'ai fait voir Chiron et Cameigt tenant à eux deux un débit de vins et liqueurs. A un moment donné, c'était une fureur de mettre en concession : tous les condamnés *devaient* être et rester concessionnaires. On donnait tort au commandant qui signalait des paresseux ou des gens dangereux. Les transportés en étaient venus à considérer la mise en concession comme un droit : « J'ai fait ma demande, me disait l'un d'eux ; il me semble que c'est bien mon tour, c'est mon droit. »

L'administration pénitentiaire, en s'installant à Bourail, s'est constamment appliquée à repousser dans son œuvre de colonisation, l'élément libre, civil. Elle a accaparé toutes les terres, tous les lots aussi bien au village qu'à la campagne. Quelques hectares cependant avaient été laissés aux colons, entre la colline du blockaus et l'embouchure de la Kourie, sur sa rive gauche, vers l'emplacement de l'abattoir. M. Gauharou, dans sa *Géographie* (1), décore cet endroit du nom de village libre de Bourail ; mais la situation en est si mauvaise qu'il n'y a jamais eu de village. D'ailleurs, le récent décret du 16 août 1884 a même rendu ces parcelles de terre au domaine pénitentiaire. Ce n'est que par subterfuge que quelques commerçants libres ont pu s'installer au village de Bourail ; ils ont acheté des terrains à des concessionnaires devenus, avec le temps, propriétaires. Jusqu'à présent l'administration a repoussé toute demande de cession ou d'achat faite par d'autres que ses administrés. Avec ce système, elle a fait fausse route. De parti pris, elle n'a pas voulu comprendre combien était utile à un pays nouveau la coopération, l'association des deux colonisations civile et pénale.

Dans sa *Notice sur la Nouvelle-Calédonie*, M. Gallet insiste sur cette proposition capitale :

« A Bourail, les terrains de culture valent, à l'époque actuelle, de « 300 à 500 fr. l'hectare.

« Moindou, qui date de 1873, n'a que des colons libres (50 fa-« milles). Les terrains y atteignent les mêmes prix que ci-dessus « dans les ventes entre particuliers.

« A La Foa, qui est un centre mixte de cinq ans d'existence à « peine, où les concessionnaires libres et ceux de l'administration « pénitentiaire ne sont séparés que par la rivière, des ventes ont « eu lieu dernièrement à raison de 900 fr. l'hectare. Cet accroisse-« ment si rapide de la valeur de la propriété dans cette localité, où « les terres ne sont pas meilleures que dans les deux précédentes, « est certainement dû à la présence simultanée de l'élément libre « et de l'élément pénal sur le même point : l'argent que dépense

---

(1) *Géographie de la Nouvelle-Calédonie*, par M. Gauharou, chef de bureau à la direction de l'intérieur, publiée par ordre de M. le gouverneur amiral Courbet, Nouméa, 1882. — Le village libre de Bourail n'existe pas, pas plus que les villages de concessionnaires de Téné et de la Tarodière, mentionnés aussi par M. Gauharou dans sa *Géographie*, et marqués dans certains plans du pénitencier de Bourail.

« l'administration pénitentiaire pour la création de ses centres et
« pour l'installation de ses concessionnaires, profite au colon libre
« qui est voisin ; les routes faites par elle pour les besoins des
« siens, et, sous certaines conditions, ses moyens de transport
« servent à tout le monde. De là un mouvement d'affaires plus
« considérable et une prospérité, pour ainsi dire immédiate, que
« les centres exclusivement libres ou exclusivement pénals n'attei-
« gnent qu'à force de temps. Il semblerait que l'industrie elle-même
« se fixe et s'étende plus volontiers dans ces centres mixtes. »

C'est ce même esprit étroit d'exclusion qui a décidé l'administration pénitentiaire à s'opposer à l'installation d'une commission municipale à Bourail. Il semblait que cette commission avec ses pouvoirs si restreints et ses modestes attributions allait renverser l'autorité du commandant sur le pénitencier. Elle portait ombrage. Dans une conférence tenue, à Bourail, en septembre 1884, à laquelle assistaient le directeur de l'administration pénitentiaire et les différents chefs de service, on agita la question de l'opportunité de la nomination d'une commission municipale à Bourail. Le directeur s'y opposa formellement sans donner de raisons valables ; il crut avoir tranché le débat en s'écriant d'une voix mélodramatique et les bras levés au ciel : « Voyez-vous ? monsieur le maire de Bourail ! » On eut beau dire que Bourail comptait plus de cinquante électeurs libres, beaucoup plus que des centres considérés comme importants tels que Canala et Moindou ; qu'à la Foa, qui est aussi un centre de transportés concessionnaires il existait une commission municipale fonctionnant à la satisfaction de tous, on émit l'avis que Bourail n'avait pas encore besoin de municipalité.

C'était une erreur.

En ce moment Bourail subit une évolution ; ce n'est déjà plus un pénitencier ; ce n'est encore qu'un village, demain ce sera peut-être un important chef-lieu de canton. Il faut que cette évolution, que cette transformation soit aidée et non retardée, entravée par l'administration pénitentiaire. Ses agents ont la main trop rude pour tout ce qui regarde les relations sociales, commerciales, industrielles ; il est important, pour le développement de Bourail, que peu à peu ils fassent place à l'autorité civile.

Déjà, d'ailleurs, on est entré résolument dans cette voie par la création d'un juge de paix. Certainement le commandant du pénitencier garde toute son autorité pour les questions de police générale et de discipline. Mais pour un grand nombre de petites causes particulières, le rôle du juge de paix est de beaucoup préférable. De même il est des questions locales, n'intéressant souvent que des gens libres, qui chaque jour deviendront de plus en plus nombreuses et qui échapperont à la compétence du commandant du pénitencier. Les affaires locales gagnent à être traitées et menées à bonne fin par les personnes attachées au pays, et non par des agents déplacés trop souvent : en deux ans, j'ai vu trois commandants de pénitencier, à Bourail.

Pendant que l'administration pénitentiaire s'opposait ainsi, de parti-pris, à l'introduction de la colonisation libre à Bourail, à l'installation d'une commission municipale, par un contraste singulier elle lâchait la bride sur le cou de ses concessionnaires. Elle favorisait la création du Syndicat ; et en ce faisant, au point de vue économique, elle avait raison. Mais elle avait tort en laissant prendre au président du syndicat, un condamné en cours de peine, des airs d'autorité ridicules. Un jour, en 1884, on put voir affichée à Bourail la dépêche télégraphique suivante : « Directeur administration pénitentiaire à Commandant pénitencier Bourail : Gouverneur approuve statuts du syndicat. Pour copie conforme, signé : Chevalier. » Chevalier était le *président élu* du syndicat des concessionnaires.

Il semblait que l'administration, s'abusant elle-même, voulût laisser les concessionnaires faire eux-mêmes leurs affaires, j'allais presque dire leur police. Dans les centres la surveillance était aussi réduite que possible. Dans la vallée de la Douhinsheur, il y avait un surveillant au camp des Arabes (4ᵉ kilomètre, four à chaux) ; un second à Néméara, au 6ᵉ 1/2 kilomètre ; plus deux surveillants à la Ferme-Ecole (9ᵉ kilomètre). Dans la vallée de la Pouéo un seul surveillant à la gendarmerie, à 2 kilomètres. Dans la vaste vallée de la Boghen, un seul surveillant ; un à Nessadiou. Il était matériellement impossible à ces surveillants d'inspecter le périmètre confié à leur garde. Aussi ignorait-on à Bourail la plupart des méfaits commis dans les centres de concessionnaires. Les crimes n'étaient dénoncés que très tardivement ; quand il y avait assassinat le cadavre n'était retrouvé que plusieurs jours après ; le surveillant du centre ne savait rien, et les concessionnaires voisins ne voulaient rien dire. Ils avaient peur de la vengeance des coupables, peur aussi d'être cités comme témoins, c'est-à-dire d'être envoyés à Nouméa, d'abandonner leur concession aux rapines du voisin.

Dans ces conditions, les recherches de la justice étaient toujours difficiles, souvent sans résultat. Des évadés ont pu circuler et séjourner dans les concessions pendant plusieurs mois sans être signalés. Dans la fameuse affaire Lepesteur (janvier 1885), il a été prouvé que les deux évadés, plus tard assassinés, s'étaient promenés très longtemps dans les concessions, et que l'un d'eux, Le Pape, allait souvent boire au cabaret tenu par le président même du syndicat, l'ex-chef de bande de voleurs, Imarigeon, président élu après Chevalier.

Cette insuffisance de la police paraîtra au moins étrange, quand on parle d'un pays renfermant, dans un rayon de 10 kilomètres, près de 2,000 transportés. La plupart des concessionnaires ne diffèrent des autres condamnés que par un plus fort degré d'hypocrisie. Bourail contient de plus un élément perfide, dangereux, difficile à contenir : les femmes transportées. Il en est, parmi elles, qui lassent et énervent l'autorité, privée de moyens efficaces de répression. Que faire contre une femme condamnée aux travaux forcés à perpétuité et mariée à Bourail? On la réintègre au Couvent : elle y met le désordre. On l'enferme en cellule : elle pleure après sa grâce et son mari vient la réclamer. On ne peut, d'ailleurs, lui faire occuper longtemps une des trois cellules insuffisantes, qui constituent la prison du Couvent. A un moment donné, l'administration pénitentiaire, voulant en finir avec les ennuis que lui causait la femme P..., condamnée à perpétuité, avait demandé son renvoi dans une maison centrale de France. Cette fois-là, elle avait frappé juste. Mais le gouverneur ne voulut pas transmettre la demande au ministère.

Ainsi peuplé, Bourail n'est pas simplement un milieu corrompu ; c'est un milieu corrupteur et démoralisateur. On y perd promptement le sentiment des distances. Le point d'honneur s'y émousse. J'ai vu frayer journellement et familièrement avec des libérés, des hommes libres, dont quelques-uns occupent une certaine situation en Calédonie. On a même prétendu (des gens dignes de foi me l'ont affirmé) avoir vu invités à la table du commandant de Bourail, le riche concessionnaire de Pouéo, L..., et sa femme. L..., qui manipule beaucoup d'argent, avait trouvé le moyen de prendre en son nom un billet assez important que le commandant avait signé à M. R... — La discipline se relâche très vite à Bourail ; il devient nécessaire de ne pas laisser trop longtemps la même garnison et certains surveillants. On a vu une patrouille de nuit rentrer à la caserne sans son caporal : il était resté dans la maison même du village qu'il devait surveiller. Il y a eu des rixes sanglantes, à propos de femmes, entre concessionnaires et surveillants.

Dans l'atmosphère de Bourail, d'ailleurs, on se blase rapidement sur la gravité des crimes commis, sur leur fréquence. Nous avons entendu des employés de l'administration pénitentiaire soutenir en public qu'à Bourail il ne se commettait pas plus de crimes et de délits que dans un bourg de France de 2,000 habitants. Je veux bien croire qu'ils étaient de bonne foi ; mais leur assertion prouve combien ils ont perdu toute notion de comparaison. Pendant deux années (d'août 1883 à août 1885), il y a eu plus de vingt affaires criminelles graves, pour coups et blessures ; dans cinq cas, il y a eu mort. Sept hommes ont été trouvés noyés, plusieurs pendus ; un cadavre a été découvert dans un recoin de la Pouéo ; quelquefois le suicide a été prouvé, mais la plupart du temps on aurait plutôt attribué la mort à un homicide que le manque de preuves ou de renseignements empêchait de poursuivre. Quant aux simples rixes entre condamnés, où s'échangent les coups de couteau et les coups de bâton, on n'en parle même pas. Les vols ont été très nombreux et très audacieux : presque tous les magasins de Bourail ont été volés. On a enlevé une baleinière de l'administration sous le nez d'un factionnaire. En plein midi, un dimanche, jour de première communion, on a volé dans l'église de Bourail les objets sacrés que l'aumônier y avait laissés jusqu'à l'heure des vêpres. En résumé, il y a plus d'affaires criminelles à Bourail que dans un département français.

Faut-il s'étonner du dévergondage et de la fréquence des crimes qu'on observe à Bourail ? Le résultat devait être prévu : il était fatal. Les rapports officiels s'obstinent à pallier l'état des choses. Les administrations n'aiment pas à se rétracter. Dans une affaire criminelle où se trouvaient compromis un grand nombre de concessionnaires, un sous-directeur de l'administration pénitentiaire dit au surveillant-chef, qui avait fait les recherches : « Trop de zèle. Il faut que le ministère continue à voir en beau le pénitencier de Bourail. » On aurait mieux fait de ne rien dire et d'augmenter la police dans les concessions. Quand on poursuit la solution d'un grand problème social, l'habileté ne consiste pas à dissimuler et à nier les difficultés rencontrées ou les erreurs commises.

CHAPITRE III

PATHOLOGIE

Nous avons présenté, dans les deux premières parties, l'étude du milieu physique et du milieu social à Bourail. Dans la troisième, nous traiterons de la pathologie, qui dérive de ces deux grands facteurs.

Il est nécessaire, avant de commencer, de formuler quelques réserves sur la valeur des statistiques médicales concernant la colonie pénitentiaire de Bourail. Dans un centre en voie de formation, où une grande partie de la population se déplace et se renouvelle fréquemment, où il y a très souvent de nouveaux immigrants d'origine et d'âge très divers, il ne faudrait pas se hâter de tirer des conclusions générales d'une série trop courte ou incomplète. En outre, il ne faut pas oublier que Bourail a une population spéciale : elle n'a pas vécu, elle ne vit pas, elle ne meurt pas comme une autre. L'alcoolisme y fait des ravages. Les morts violentes y sont très fréquentes. Ainsi, sur 56 décès survenus dans le canton pendant l'année 1884, il y a eu 9 morts violentes, soit une proportion de 1 sur 6. En France, dans un pays normal, la proportion est de 2 pour 100, de 1 sur 50 décès.

§ 1. — Salubrité du pays.

Comme toute la Nouvelle-Calédonie, Bourail est un pays salubre. L'Européen y conserve non seulement sa santé, mais encore son appétit et sa vigueur. Chacun a pu admirer la force de résistance des stockmen calédoniens, les longues étapes qu'ils parcourent par des chemins ardus. Le blanc peut y cultiver la terre ; il peut même drainer et dessécher un marais. Il y vit et y fait souche ; il n'a pas besoin d'aller, de temps en temps, en Europe retremper ses ressorts fatigués. La Nouvelle-Calédonie est bien une colonie à colons. Cette salubrité du pays nous fait regretter encore une fois de plus que la colonisation pénale, au lieu d'être l'auxiliaire et la servante de la colonisation libre, l'ait au contraire restreinte et étouffée. J'ai servi aussi sur les pénitenciers de la Guyane française, et j'ai compris pourquoi on avait changé le lieu de transportation des condamnés aux travaux forcés. Qu'on leur fasse subir leur peine dans un climat qui ne soit pas meurtrier, j'y souscris, et je trouve au moins étrange qu'on songe en ce moment à reléguer les récidivistes à la Guyane. Mais nous avons trop peu de colonies salubres pour qu'on en donne une toute entière à l'administration pénitentiaire et pour qu'on en arrive à ne considérer la Calédonie que comme un vaste bagne, où les colons libres s'arrangeront comme ils le pourront entre les Canaques et les condamnés.

Tous les médecins qui ont exercé en Calédonie admettent la salubrité du pays. Cependant il convient, pour être vrai, d'ajouter quelques ombres au tableau. Chez beaucoup de personnes un séjour prolongé dans la colonie, de 4 ou 5 ans, amène une anémie qui se manifeste par de la pâleur et une grande impressionnabilité aux changements de température. Cette anémie n'est certes pas comparable à celle que produit le séjour dans une colonie palustre ; mais elle existe. Elle se montre à Bourail plus promptement que dans les autres postes, à cause de la rareté de la brise et de la stagnation de l'air dans ses vallées. Le voisinage de l'Australie, d'ailleurs si précieux, peut changer les conditions de salubrité publique par l'importation de maladies contagieuses comme les fièvres éruptives, la diphthérie. Jusqu'ici on n'a pas observé le paludisme, en Calédonie ; mais rien ne prouve que, comme à l'île Maurice et à la Réunion, on n'y puisse avoir affaire plus tard aux fièvres paludéennes. Enfin, en raison même de la salubrité générale du pays, on a négligé les prescriptions élémentaires de l'hygiène, notamment dans la construction de la ville de Nouméa. L'état sanitaire de cette ville est bien plus mauvais qu'il y a dix ans, et il est à craindre que la situation n'aille en empirant. Pour m'en tenir à Bourail, je dirai qu'il est urgent, avant que la population agglomérée augmente trop, d'exécuter certains travaux et d'organiser certains services indispensables au maintien de la santé publique. Bourail n'a pas de conduite d'eau. Sans doute l'Ari coule au bas du village ; mais il faut aller s'approvisionner avec des voitures qui ont à remonter les pentes du coteau. Les voitures vont prendre l'eau dans l'Ari, au gué du chemin de Boghen ; pendant les temps de sécheresse, l'eau devient stagnante ; après les pluies d'orage, elle entraîne en suspension des matières organiques et minérales. Elle est souillée par le passage des cavaliers et par le lavage en amont du gué. En somme, elle est de qualité souvent très médiocre. Une conduite d'eau serait un bienfait pour Bourail. M. le gouverneur Pallu de la Barrière avait déclaré d'utilité publique l'établissement de conduites d'eau à Bourail et à Nessadiou. Malheureusement le projet n'a pas été exécuté. Le service des vidanges n'est pas organisé ; on devrait créer un dépotoir et un abattoir public. Enfin il y aurait lieu d'établir un lavoir public et de réglementer la police de la rivière.

§ 2. — Statistique médicale pour l'année 1884.

Pendant l'année 1884, sur une population moyenne de 2,100 personnes, il y a eu 56 décès ; ce qui donne 26,66 pour 1,000. Sur ces 56 décès on peut en défalquer 3 concernant des Néo-Hébridais ; parmi la race importée, il y a donc eu seulement 53 décès ; ce qui ramène la mortalité à 25,2 pour 1,000, ou 1 décès sur 39 habitants.

44 décès ont été amenés par des maladies ; il y a eu 9 morts violentes. Nous avons déjà noté la proportion excessive des cas de mort violente.

Les maladies qui ont été mortelles peuvent être classées ainsi qu'il suit :

Dysenterie	6	
Abcès du foie	3	10
Fièvre typhoïde	1	
Tuberculose pulmonaire	4	6
Tuberculose intestinale	2	

Bronchite..	4
Congestion pulmonaire.......................	1
Pneumonie (hépatisation grise)...........	1
Pleurésie chronique............................	1
Lésion valvulaire du cœur..................	1
Endocardite aiguë, infectieuse............	2
Cirrhose hépatique.............................	2
Occlusion intestinale..........................	1
Congestion cérébrale..........................	1

Total : 14

Sénilité et misère...............................	1
Débilité du premier âge......................	5
Athrepsie...	3

Total : 9

Phlegmon diffus de la main...............	1
Pelvi-péritonite (kyste ovarique enflammé)	1
Métrite puerpérale..............................	1
Ulcère phagédénique..........................	1
Epithélioma de la face........................	1

Total : 5

Les 9 morts violentes sont dues : 3, à l'asphyxie par submersion ; 2, cas de pendaison ; — 2, coups de revolver ; 1, fracture du crâne (chute d'un arbre) ; 1, strangulation et section du poignet.

Sur les 3 Néo-Hébridais décédés, un est mort de tuberculose pulmonaire, le second d'hémoptysie. Le 3e est mort sur une station d'élevage éloignée de Bourail ; j'ai ignoré à quelle maladie il avait succombé.

Un seul décès dans le personnel libre : un soldat d'infanterie de marine, âgé de 23 ans, mort de fièvre typhoïde ; 52 décès parmi les transportés et leurs familles :

Personnel libre.............................	1	décès
Femmes de concessionnaires.........	5	
Femme au Couvent........................	1	6
Enfants (au-dessous de 2 ans).......	15	15
Concessionnaires..........................	13	
Libérés non concessionnaires........	5	31
Transportés en cours de peine, non concessionnaires..........	13	
Néo-Hébridais...............................	3	
Total................	56	

La mortalité des enfants en bas-âge est très grande ; 15 enfants au-dessous de 2 ans sont décédés en 1884. On doit noter qu'il n'y a pas eu un seul décès parmi les enfants au-dessus de l'âge de 2 ans. Les causes de la grande mortalité des enfants en bas-âge sont nombreuses : 1º la négligence des parents qui consultent trop tard les médecins ; 2º le défaut de soins et la mauvaise nourriture ; 3º la syphilis congénitale ; la constitution tarée dont héritent les enfants de condamnés usés par les vices et le séjour dans les prisons et les bagnes. Sur les 15 enfants décédés en 1884, on compte un mort-né ; 4 morts de débilité dans la première semaine. L'athrepsie en a emporté 3 ; la dysenterie, 4. Trois sont morts de bronchite. Cependant, malgré les causes signalées de déchéance physique, en dépit du manque voulu ou involontaire de soins, les enfants de Bourail qui survivent, ceux qui ont la chance d'avoir des parents sains et dévoués se développent rapidement sous ce climat salubre : les beaux bébés ne sont pas rares dans les concessions ; on y rencontre des familles nombreuses et bien venues.

Les femmes sont fécondes en Nouvelle-Calédonie, même à Bourail. En 1884, il y a eu 50 naissances ; cinq dans le personnel libre, 45 dans les familles des concessionnaires.

§ 3. — Caractères généraux de la pathologie de Bourail.

La pathologie de Bourail, comme celle de la Nouvelle-Calédonie, peut être considérée comme une transition entre la pathologie des pays chauds et celle des climats tempérés. On observe en même temps, à Bourail, des maladies fréquentes dans les pays froids, telles que : amygdalites aiguës, bronchites, rhumatismes, cirrhoses hépatiques ; et des affections sévissant plus particulièrement dans les pays chauds, comme : abcès du foie, dysenterie, ophthalmie, phagédénisme. La Nouvelle-Calédonie est peut-être la seule colonie intertropicale où l'on puisse rencontrer des malades et des maladies fournissant l'indication de tirer du sang de la veine. Un de mes prédécesseurs à Bourail, le Dr Gueit, écrivait dans un de ses rapports : « La constitution médicale de Bourail est inflammatoire. » L'anémie tropicale n'est pas fatale en Nouvelle-Calédonie ; elle arrive, dans les cas où on l'observe, beaucoup plus tardivement que dans les autres pays chauds. Elle est plus précoce à Bourail que dans les autres localités calédoniennes.

Outre ses caractères ubiquitaires, la pathologie générale de la Nouvelle-Calédonie présente deux faits saillants, primordiaux : 1° l'absence du paludisme ; 2° la fréquence de la fièvre typhoïde, *febris peyerica*.

Il semble que toutes les conditions se trouvent réunies dans les vallées de Bourail pour la genèse des fièvres paludéennes : vastes marais dans les trois vallées, quelques-uns saumâtres sur les bords de la Néra ; périodes de pluie suivies de sécheresse prolongée, température élevée, brouillards, inondations ; — défrichements comprenant une grande superficie et un grand volume de terre. Malgré la nature du sol, malgré les travaux de terrassements, je n'ai pas observé un seul cas de fièvre paludéenne contractée dans le canton de Bourail. Le fait, jusqu'à ce jour, est certain. Quelle en est l'explication ? Toutes les théories avancées sont passibles d'objections sérieuses. Ceux qui soutiennent que le niaouli préserve le pays des fièvres intermittentes, oublient qu'à Bourail cet arbre est devenu très rare. La théorie du Dr Nadeaud, c'est-à-dire la filtration incessante de l'eau des marais à travers la couche arable reposant sur un massif madréporique poreux, ne peut se concilier avec l'épaisseur de la terre végétale, à Bourail, la nature argileuse du terrain, la convergence des vallées. Le Dr Pauly attribuerait l'innocuité des marais calédoniens à la ventilation de l'île par les alisés du S.-E., à la pureté de l'air de l'océan Pacifique ; j'ai déjà insisté sur la rareté de la brise dans la vallée de Bourail.

La fièvre typhoïde est fréquente en Nouvelle-Calédonie. Elle ne m'a pas paru évoluer avec la rapidité signalée par Léon Colin en parlant de la dothienentérie des pays chauds. Les taches rosées lenticulaires se montrent moins constamment et plus discrètement qu'en France. Les rechutes sont assez nombreuses. La gravité des cas est très variable, même chez des malades frappés presque en même temps et placés dans des conditions semblables, comme les soldats d'un même poste. En 1880, à l'île des Pins, lors d'une petite épidémie qui sévit sur la 37e compagnie du 3e régiment d'infanterie de marine, il y eut 9 soldats atteints de fièvre typhoïde et 1 seul décès, par perforation intestinale. A Bourail, d'août 1883 à août 1885, j'ai rencontré aussi une série relativement favorable. Sur 8 cas, il n'y a eu qu'un décès ; la victime était un soldat du 3e régiment d'infanterie de marine. Parmi les huit malades, il y a eu trois soldats, deux transportés, une femme du Couvent, un conducteur des ponts et-chaussées, M. C... et la femme d'un fonctionnaire, Mme F... — M. C... et Mme F... ont été atteints presqu'en même temps ; chez M. C... l'affection a été bénigne, tandis qu'elle s'est montrée très grave chez Mme F... De même qu'en France, la fièvre typhoïde atteint plus particulièrement les jeunes soldats ; les cas sont rares chez les transportés, soit parce qu'ils ont eu déjà la dothienentérie avant leur arrivée dans la colonie, soit parce qu'ils se sont acquis une certaine assuétude par un long séjour dans des milieux typhoïgènes. La fièvre typhoïde a été importée en Nouvelle-Calédonie par les bateaux partis de Brest et de Toulon, ou de Sydney, en Australie ; mais, quelle que soit son origine première, l'infection a trouvé à Nouméa un foyer secondaire, d'où elle a rayonné sur tous les postes de l'île. La caserne d'infanterie à Nouméa semble être le centre de ce foyer : souvent encombrée, bâtie dans un bas-fond, devant un marais fangeux, elle « laisse aller ses déchets sur la voie publique. »

J'ai tenu à mettre en parallèle l'absence de paludisme et la fréquence de la fièvre typhoïde en Nouvelle-Calédonie. Sans vouloir tirer de conclusions, je rapprocherai un fait inverse qui m'est familier : au port de Rochefort, la fièvre paludéenne est assez fréquente et la fièvre typhoïde, née sur place, est très rare.

La dysenterie est très commune à Bourail. Elle est causée principalement par les abaissements brusques de température et par l'usage d'eaux souillées par des matières végétales. On boit à Bourail l'eau que l'on va puiser aux diverses rivières ; quand il y a sécheresse prolongée, l'Ari est converti en un fossé d'eau stagnante rempli de débris organiques. En général, la dysenterie est bénigne ; elle devient très grave chez les enfants en bas-âge et chez les transportés usés.

L'hépatite suppurée a causé trois décès en 1884 ; il faut de plus signaler un quatrième cas qui a été suivi de guérison. L'abcès du foie se montre quelquefois à la suite de dysenterie ; d'autres fois on le constate chez des malades qui n'ont pas eu et qui n'ont pas de dysenterie. Les médecins calédoniens ont remarqué que l'hépatite suppurée, très rare au début de l'occupation, devenait chaque année plus fréquente. Le fait est malheureusement exact : on a accusé la mauvaise qualité des alcools consommés dans le pays ; il faut surtout mettre en cause la grande proportion d'alcooliques qui existent dans les convois de transportés. C'est aussi l'alcoolisme chronique qui amène les cas de plus en plus fréquents de cirrhose hépatique, que l'on observe à Bourail en même temps que l'hépatite suppurée.

Dans le groupe des fièvres éruptives, je n'ai rencontré à Bourail que la plus anodine, la varicelle (chicken-pox), qu'on appelle, en Calédonie, je ne sais pourquoi, petite vérole canaque. J'en ai observé un cas très remarquable, à forme bulleuse, chez une enfant du Couvent, âgée de 4 ans, vaccinée avec succès en France, dans sa première année. La dengue n'a pas pénétré à Bourail et pourtant les communications n'ont jamais cessé entre ce poste et Nouméa, où, vers la fin de 1884, la dengue a frappé un grand nombre d'habitants.

En parcourant les maladies endémiques, j'arrive à l'affection la plus fréquente, à laquelle presque tous ceux qui habitent Bourail paient leur tribut. Je veux parler de l'ophthalmie des pays chauds, ophthalmie contagieuse des adultes. Elle n'est point particulière à Bourail et ne mérite nullement le nom d'ophthalmie de Bourail qu'on a voulu lui donner : on l'observe à Nouméa ; je l'ai observée très fréquemment à Ouegoa, dans le nord de la Nouvelle-Calédonie ; mais il faut reconnaître qu'elle est en permanence à Bourail ; en 1878, il y eut plus de cent personnes atteintes à la fois. Souvent Bourail ressemble à ces villages d'Egypte dont parle Pariset, « où « l'on rencontre, à chaque pas, un borgne, un aveugle, des yeux « actuellement rougis par l'inflammation ou altérés par des inflam- « mations antécédentes. » Entrez dans une école de Bourail, vous y trouverez toujours de petits photophobes, assis dans un coin, la tête baissée.

En général, l'ophthalmie est bilatérale: la plupart du temps, les deux yeux sont pris à la fois ; quelquefois le second œil est pris deux ou trois jours après le premier. Elle peut rester unilatérale, et, fait à noter, l'ophthalmie s'est montrée beaucoup plus grave quand elle s'est bornée à un œil.

La contagion est manifeste. Dans une maison, dès qu'un premier cas s'y est montré, tous les habitants sont atteints tour à tour. La contagion est très rapide ; l'incubation peut ne durer que vingt-quatre heures. Il y a lieu de penser que la contamination s'opère au moyen de particules de pus transportées de l'œil de la personne malade sur celui d'une autre personne par l'intermédiaire des mains, des mouchoirs, etc. Si la contagion est évidente, il est très difficile, d'un autre côté, de déterminer quelles sont les causes directes de l'ophthalmie. On n'a pas manqué d'invoquer diverses causes banales : la lumière d'un soleil trop vif, la poussière, les fleurs du niaouli, les brouillards. Ce ne sont là pour moi que des causes occasionnelles : je serais cependant porté à croire que le brouillard condense et ramène à la surface du sol, en lui servant de support, le microbe ou le miasme qui engendre l'ophthalmie contagieuse.

Les auteurs décrivent l'ophthalmie au chapitre de la conjonctivite ; mais, dans tous les cas que nous avons observés, il n'y a jamais eu simplement de la conjonctivite. Dès le premier jour de la maladie il y a photophobie et ce symptôme annonce que l'inflammation gagne la cornée ou l'iris. Le malade ouvre à peine les yeux et regarde en bas ; sa physionomie est toute particulière. En même temps il y a du larmoiement et des douleurs qui ne sont pas bornées à la conjonctive, mais sont circumorbitaires. La conjonctive palpébrale est très injectée ; l'œil est baigné par un liquide contenant des filaments de mucos-pus.

C'est là le premier degré de l'ophthalmie. Dans beaucoup de cas, les symptômes s'arrêtent là ; ils sont plus ou moins marqués, suivant les individus et leurs tempéraments. C'est, si l'on veut, la forme bénigne, et d'ailleurs commune, de l'ophthalmie observée à Bourail.

Le deuxième degré de l'ophthalmie est caractérisé par l'injection de la conjonctive oculaire, l'apparition d'un chémosis inflammatoire, et l'aggravation de tous les symptômes du premier degré. D'emblée, dès le premier jour, l'ophthalmie peut atteindre cette gravité. Les paupières sont infiltrées ; le malade, de plus en plus photophobe, entrouvre les yeux à grand'peine ; l'œil apparaît rouge tout entier ; la cornée est ensevelie sous un énorme chémosis. Les douleurs du fond de l'œil et circumorbitaires deviennent intenses et empêchent tout sommeil. Les bords des paupières sont agglutinés. La sécrétion muco-purulente est augmentée ; mais elle n'atteint jamais (du moins dans les cas que j'ai observés) ce degré d'abondance signalé par les auteurs dans la description de l'ophthalmie purulente ; nous avons même observé des cas où cette sécrétion était rare.

C'est le chémosis inflammatoire qui fait la gravité de l'ophthalmie ; comprimant les vaisseaux et les nerfs qui tiennent sous leur dépendance la nutrition de la cornée, il en compromet la vitalité.

D'après l'injection et l'épaisseur du chémosis on peut porter le pronostic.

Très souvent les symptômes inflammatoires rétrocèdent peu à peu ; le chémosis ne fait pas de progrès, pâlit, les douleurs diminuent et l'ophthalmie guérit au bout de sept ou huit jours sans amener d'accidents graves. Dans d'autres cas, au contraire, quand la deuxième période a duré sept à huit jours, tous les symptômes augmentent d'intensité, on voit survenir du côté de la cornée, de l'iris et des milieux du fond de l'œil, des lésions qui caractérisent le troisième degré.

Dans cette troisième période, la conjonctivite est chose accessoire ; vous avez affaire : 1º à une kératite, amenant, suivant la gravité du cas, la tuméfaction trouble de la cornée, des ulcères nécrosiques, la perforation avec hernie de l'iris ; 2º à une irido-choroïdite. L'iris est devenu paresseux, même après l'instillation d'une solution d'atropine ; il se dilate peu, lentement, et d'une façon irrégulière ; la pupille n'est plus circulaire, c'est une ouverture à circonférence dentelée. Les douleurs circumorbitaires augmentent d'intensité et occupent tout le coté de la tête ; la vision s'obscurcit et se perd.

Terminaisons. — L'ophthalmie, qui parcourt les trois périodes et qui guérit, dure un mois. Les récidives, les rechutes, les nouvelles poussées s'observent fréquemment.

Mais jamais l'ophthalmie n'est devenue granuleuse ; je n'ai pas vu de granuleux à Ouegoa et à Bourail.

Sans parler du traitement de l'ophthalmie une fois déclarée, je voudrais dire quelques mots touchant la prophylaxie. Tout le monde à Bourail, montre, à l'égard du mal d'yeux, une indifférence coupable. Au lieu de combattre la terrible endémie, on se familiarise avec elle. On laisse les enfants atteints rester à l'école et jouer avec les autres ; les personnes malades des yeux circulent avec un bandeau et vont à leurs affaires. Peu consultent le médecin ; chacun se soigne à sa façon. L'autorité administrative devrait rompre avec cette routine : isoler les personnes atteintes jusqu'à complète guérison ; forcer les malades à recevoir les soins du médecin ; faire passer soigneusement à la lessive les draps, les mouchoirs, les linges de pansement, les habits des ophthalmiques. Avec ces mesures prophylactiques l'ophthalmie diminuerait promptement et pourrait disparaître.

Le phagédénisme des pays chauds peut s'observer à Bourail.

J'en ai vu un cas très grave, dont la terminaison a été fatale. Mme G..., femme d'un concessionnaire de Trazégnies, 52 ans, maigre, chétive, entre, à la fin d'octobre 1884, à l'infirmerie du Couvent, pour un ulcère de la partie supérieure de la région poplitée. Cet ulcère, grand comme une pièce de cinq francs, a débuté il y a une huitaine de jours ; la malade ne peut dire s'il y a eu excoriation ou transmatisme. Mme G... porte en plusieurs points du corps, notamment à la partie antérieure du thorax, des cicatrices très larges. Elle raconte qu'il y a plus de vingt-cinq ans elle a eu en France de vastes ulcérations cutanées. On donne de l'iodure potassique et on cautérise énergiquement l'ulcère au fer rouge. On n'arrête pas les progrès de l'ulcère ; il devient grand comme une assiette ; il envahit la face antérieure et la face interne de la cuisse. Même médication ; toniques. Le milieu de l'ulcère se cicatrice, mais les bords sont rongés incessamment ; il y a une suppuration très abondante. La malade épuisée succombe au bout de quatre semaines.

Je n'ai pas vu de cas de pustule maligne, qui n'est pas absolument rare en Nouvelle-Calédonie. J'ai eu à traiter une véritable plaie envenimée chez M. L..., qui s'était égratigné le doigt dans une écurie renfermant des chevaux qui avaient les eaux aux jambes.

La tuberculose fait d'assez nombreuses victimes dans la population de Bourail, minée par la misère, les vices, et un séjour antérieur dans les prisons et les bagnes. La tuberculose n'est pas la seule maladie de misère qu'on observe dans les pénitenciers. Chez les transportés usés, la pneumonie lobaire prend les allures d'une maladie infectieuse, typhique ; elle passe rapidement à l'hépatisation grise. J'avais déjà noté le fait au pénitencier des îles du Salut, à la Guyane française. En 1884, j'ai perdu, à l'hôpital de Bourail, un transporté atteint de pneumonie revêtant cette forme infectieuse. Pendant la même année deux libérés ont été enlevés par cette endocardite aiguë qu'on a tour à tour nommée typhoïde, ulcéreuse, infectieuse, et qui atteint seulement les misérables, abattus par l'alcoolisme et les privations.

Les maladies de la peau n'offrent rien de particulier. J'ai observé un seul cas d'éléphantiasis, affectant le scrotum, chez un métis calédonien, patron de bateau.

Ainsi, le territoire de Bourail, si favorisé par la beauté de son climat et la fertilité de ses vallées, a aussi le privilège d'être un pays très salubre. Sous le rapport de la salubrité, la Nouvelle-Calédonie laisse bien loin derrière elle nos colonies intertropicales et l'Algérie ; elle vaut notre chère France. Les évènements et quelque peu aussi certains hommes, ont fait de la plus grande partie de la Calédonie, et de Bourail en particulier, un apanage réservé à des hommes condamnés aux travaux forcés ; ils leur ont fait une prison qu'envieraient beaucoup d'honnêtes gens. Bourail a des éléments de vitalité et de prospérité qui lui sont propres. Il ne faudrait pourtant pas se laisser aller à un enthousiasme irréfléchi comme celui qui a salué la création de Saint-Laurent du Maroni, à la Guyane française. Bourail ne deviendra jamais une grande ville ; sa rade est très médiocre, la navigation dans la Néra est difficile, ses vallées se terminent très rapidement en culs-de-sac, fermés par les massifs de la chaîne centrale ; mais Bourail peut aspirer à être un centre agricole important : ses terres sont très fertiles, prêtes à tout produire : la canne en abondance, le tabac, les prairies artificielles ; il y a déjà de formé un noyau considérable de population ; enfin, le poste profitera des sommes considérables que l'administration pénitentiaire y a déjà dépensées. Bientôt le tramway sera terminé ; on aura posé dans les centres quelques kilomètres de Decauville.

Pour faire de Bourail une véritable colonie, et non un pénitencier plus ou moins agricole, l'administration pénitentiaire devra renoncer à tout esprit d'exclusion et d'accaparement : elle acceptera, dans son œuvre, la coopération de l'élément libre ; elle laissera ses concessionnaires renouer avec l'autorité municipale et civile. Elle protègera par tous les moyens possibles, l'immigration à Bourail des familles libres qui demanderont à rejoindre leur chef transporté ; elle arrêtera ces convois annuels de femmes viciées, véritables empoisonneuses de Bourail ; il y a aujourd'hui assez de filles pour les épouseurs. Il faudrait que la mise en concession fût considérée comme une insigne faveur, comme une grâce, presque comme une réhabilitation ; que l'on dépossédât les incorrigibles et les paresseux, et que leurs terres fussent réservées aux enfants des familles nombreuses des concessionnaires, quand ces enfants, formés dans des écoles professionnelles, seraient devenus des ouvriers laborieux et habiles. Avec ce nouvel esprit dans la direction, on pourrait voir, dans quelques années, se développer, à Bourail, une population attachée au sol, vivant de son travail ; et, à fur et mesure que disparaîtraient les vieilles couches, les anciens transportés, l'élément nouveau, libre, dominerait de plus en plus. L'hôtel-de-ville de Bourail s'élèvera alors sur l'emplacement de l'ancien prétoire ; les *centres* de Pouéo, de Néméara, de Boghen, de Nessadiou, de Gouaro, de Néra, seront devenus des communes groupées autour de la petite ville de Bourail, chef-lieu d'un canton libre et prospère.

NOTE I (page 14)

OBSERVATIONS MÉTÉOROLOGIQUES

FAITES A L'HOPITAL MILITAIRE DE NOUMÉA

RELEVÉ DE 6 ANNÉES (1876-1881)

Par M. J.-P. CAMPANA, pharmacien de 1re classe de la marine

1° TEMPÉRATURE

MOIS	6 h. du matin.	1 h. du soir.	Entre 6 et 1 heure.	Sur la journée 6 h. et 10 h. m, 4 h. et 10 h. s.	OBSERVATIONS
Janvier..........	25°4	29°5	27°4	27°2	Le mois le plus chaud au 1er rang, ordre décroissant sur la moyenne de la journée :
Février..........	25 6	29 6	27 6	27 4	Février...... 27° 4
Mars............	25 1	28 6	26 8	26 6	Janvier...... 27 2
					Décembre.... 27 1
Avril............	23 7	27 1	25 4	25 2	Mars........ 26 6
					Novembre.... 26 1
Mai.............	22 4	26	24 2	24 3	Avril........ 25 2
					Mai.......... 24 3
Juin............	21	24 6	22 8	22 6	Octobre...... 24
					Septembre... 22 8
Juillet..........	20 2	23 6	21 9	21 8	Juin.......... 22 6
					Juillet........ 21 8
Août............	19 6	23 8	21 7	21 7	Août........ 21 7
Septembre.....	20 5	25 4	22 9	22 8	Température extrême : Max. 36° 2, — à Bourail 36° 2 ; Min. 14° — à Bourail 8°.
Octobre........	21 7	26 7	24 2	24	
Novembre......	24	29 1	26 5	26 1	A Bourail, la température moyenne à 6 h. du matin et à 10 h. du soir, c'est-à-dire de la nuit et de la matinée, est inférieure de 5° à la température de Nouméa aux mêmes heures.
Décembre......	25 2	29	27 4	27 1	
Moyenne des 6 années........	22 9	26 9	24 9	24 7	La moyenne de 1 h. du soir est la même qu'à Nouméa.

2° PRESSION BAROMÉTRIQUE CORRIGÉE

MOIS	HAUTEUR MOYENNE en millim.	OBSERVATIONS			
		PRESSIONS EXTRÊMES observées sans correction		OSCILLATION annuelle	
Janvier........	754				La plus haute pression obtenue en 6 années... 773^{mm}4
Février........	754 3				La plus basse (cyclone du 24 janvier 1880).. 715 5
Mars.........	757 5	1876 { Max.. 767 2	Min... 747 4	19 8	Oscillation 57 9
Avril.........	758				
Mai	759 3	1877 { Max.. 772 6	Min... 753 5	19 1	POUR LE CYCLONE DU 24 JANVIER 1880
Juin..........	759 8				Pression à 6 h. du matin, 751^{mm}
Juillet........	760 2	1878 { Max.. 773 4	Min... 756 2	17 2	Pression à 3 h. 30 soir.. 715 5
Août	761 3				Oscillation en 9 h. 1/2 . 35^{mm}5
Septembre....	760 9				
Octobre.......	759 9	1879 { Max.. 774 8	Min... 755 4	18 4	POUR LES 5 ANNÉES SANS CYCLONE
Novembre.....	757 4				Plus haute pression... 773^{mm}4
Décembre.....	756 1	1880 { Max.. 770 2	Min... 715 5	54 7	Plus basse........ 747 4
		Cyclones			Oscillation..... 26^{mm}
Moyenne des 6 années	758 2	1881 { Max.. 771 3	Min... 752 6	18 7	En 1880, il y a eu en Calédonie 3 cyclones : 24 janvier, 9 février et 8 mars. Depuis cette époque il n'y en a pas eu de nouveau.

3° PLUIE

MOIS	EAU TOMBÉE Moyenne en millimètres	JOURS de pluie	HUMIDITÉ en centièmes	
Janvier........	125^{mm}	12 3	72 8	
Février........	132 3	12 3	70	
Mars	119 7	16 2	72 2	(1)
Avril.........	156 2	12	69 7	
Mai	122 8	11	71 5	
Juin..........	109 3	13 3	68 8	
Juillet........	96	11 7	68 5	
Août	57	6 8	64 7	
Septembre....	108 9	7 3	64 5	
Octobre.......	66 3	6	63 5	
Novembre.....	38	3 8	65 7	
Décembre.....	43 5	4	66 3	
Pour un an ...	1.175 »			
Moyenne des 6 années......			68 2	

(1) En mars et avril, inondations à Bourail. — Les brouillards sont très fréquents la nuit à Bourail. Ils sont très épais et persistent jusqu'à 8 et 9 heures du matin, pendant le trimestre du 15 juin au 15 septembre.

NOTE II (page 29)

POPULATION DU TERRITOIRE DE BOURAIL
AU 1er JUILLET 1885

1º Bourail proprement dit :	Personnel libre.................. 200 Concessionnaires et leurs familles 1 080 Libérés non concessionnaires.... 200 Transportés en cours de peine non concessionnaires......... 500 Indigènes employés............ 40	2.020
2º Trazégnies...		150
3º Indigènes (Tribu de Ni)..		650
		2.820

Village de Bourail................	520
Campagne de Bourail.............	1.150
Tribu de Ni.......................	650
Camps des transportés non concessionnaires en cours de peine.........	500
	2.820

Répartition des concessionnaires et des ménages par centre

DÉNOMINATION	Village de Bourail.	Gendarmerie et Pouéo.	Néméara.	Boghen.	Nessadiou.	Gouaro.	Hors du pénitencier.	Au Couvent.	Hommes.	Femmes.	Enfants.
Condamnés en cours de peine...........	61	54	51	83	35	»	»	»	284	»	»
Libérés (4e catégorie, 1re section).........	31	45	17	23	3	6	»	»	125	»	»
Libérés (4e catégorie, 2e section).........	8	12	1	»	»	7	»	»	28	»	»
Femmes...............	40	93	43	51	2	4	21	9	»	263	»
Enfants...............	52	151	51	61	»	5	42	»	»	»	362
Libres................	3	5	»	»	1	»	»	»	9	»	»
Totaux......	195	360	163	218	41	22	63	9	446	263	362
									_____ 1 071		

Concessionnaires définitifs.............	91
Concessionnaires provisoires..........	355
	446

Concessionnaires mariés, ayant leur femme dans la colonie............	229
Concessionnaires célibataires, veufs ou mariés ayant leur femme en France...	217
Total............................	446

NOTE III (page 34)

MERCURIALE DE BOURAIL
AU 1er JUILLET 1885

1º PRODUITS DU PAYS

		Au-dessous du cours ordinaire.	Prix moyen.	Au-dessus du cours ordinaire.	
Maïs	Le sac de 100 kilos	7f »	10f »	18f »	En août 1885, le maïs est descendu à 6 fr. les 100 kilog.
Haricots	id.	25 »	30 »	40 »	
Café	Le kilo	1 75	2 25	2 50	Pris chez le concessionnaire, le café se vend 1 fr. 75 le kilog.
Charbon de bois.	Le sac		2 »		
Viande de bœuf.	Le kilo	0 90	1 »		L'élevage des bœufs réussit parfaitement et paie encore bien. La viande de bœuf est excellente.
— (filet).	id.		1 90		
— de veau ..	id.		1 50		
—. de mouton	id.		2 »		La viande de mouton est moins bonne et plus chère. Les moutons sont rares, difficiles à élever à cause de l'herbe à piquants (Andropogon austro-caledonicum) qui les tue. Le porc est assez commun.
— de porc...	id.		1 25		
Graisse	id.		2 50		
Lait	Le litre		0 30		
Beurre frais	Le kilo		5 »		
Fromage de chèvres	Un		0 50		
Volailles (poulets)	Le kilo		1 50		
— (dindes)	id.		2 »		
Œufs	La douzaine	1 »	1 50	1 75	
Oranges	Le cent	1 50	3 »	5 »	

2º PRODUITS IMPORTÉS

Pain fabriqué à Bourail avec de la farine d'Adélaïde (Australie du sud)	1re qualité Le kilo		0 50		
	2e qualité Les 3 livres		0 65		
Pommes de terre (Australie et Nlle-Zélande)	Le kilo	0 35	0 40	0 50	
Vin (Bordeaux ou Marseille)	Le litre	1 »	1 10		
	La barrique		190 »		
Bière : Velten (Marseille), Pale-Ale (Angleterre), Stock-bier (Norwège)	La bouteille	1 75	2 »	2 50	
	La caisse de 12	21 »	24 »		
Tafia	Le litre	1 50	1 75		
Huile (Marseille).	La bouteille		4 »		
Sucre en pain	Le kilo		1 60		
Tabacs : Français (Scaferlati supérieur)	id.	14 »	15 »	18 »	
Belge (Anvers)	id.		8 »		
Eau-de-vie (Marque La Ruche)	La bouteille	3 50	4 »		

NOTE IV (page 42)

SUR LES FEMMES DE BOURAIL

L'Administration pénitentiaire a eu la main malheureuse dans le choix des femmes détenues qu'elle a transportées en Nouvelle-Calédonie pour les marier à ses concessionnaires. Mieux eût valu, pour le condamné concessionnaire, la femme Canaque que l'ancienne fille publique des villes de France !

Michelet, étudiant la colonisation française à la Louisiane et au Canada vers le commencement du xviiie siècle, nous fait voir « les cavaliers de « la maréchaussée enlever les demoiselles *de moyenne vertu*, qui devaient peupler l'Amérique. » L'historien regrette que nos colons n'aient pas plutôt épousé des femmes indiennes. « Il eût fallu, dit-il, « sortir franchement du bigotisme, épouser l'Amérique, je veux dire ne « pas craindre les mariages des nôtres avec les Indiennes, les filles du « Grand Esprit. Le système suivi jusque-là d'envoyer là-bas des femmes « catholiques (les coureuses que l'on ramassait, l'écume de la Salpê- « trière), ne pouvait avoir qu'un piètre effet, créer un petit peuple blanc. « L'autre aurait fait un grand empire métis. » (Michelet, *Histoire de France*, tome xv, chap. viii : *L'Amérique*, 1719.)

En Nouvelle-Calédonie, l'application d'idées analogues pour le succès de la colonisation pénale aurait rencontré un obstacle sérieux : je veux parler de la diminution rapide de la population indigène et de la rareté relative des femmes Canaques, dont le nombre est, paraît-il, inférieur à celui des Tayos. A part ces réserves, on peut dire que « les femmes indigènes s'associent volontiers aux Européens. Les fruits de ces unions donneraient de très bons sujets. » (Gaultier de la Richerie, ancien gouverneur de la Nouvelle-Calédonie, *Atlas colonial*, de Mager, 1885.)

TABLE DES MATIÈRES

INTRODUCTION

HISTORIQUE

La loi du 30 mai 1854 ; son double but. — La Nouvelle-Calédonie est choisie comme lieu de transportation (2 septembre 1863). — Arrivée à Nouméa du premier convoi de transportés (9 mai 1864). — Fondation de Bourail (1867). — Attaques des indigènes contre le poste de Bourail ; insurrection de 1878, p. 3 à 6.

CHAPITRE Ier

GÉOGRAPHIE

§ 1. — *Géographie physique.* — Situation de Bourail ; longitude et latitude du village. — Convergence des vallées. — Vallée et rivière de Ni, vallée de la Pouéo ; la rivière Ari. — Rivière et vallée de Boghen ; la Téné. — La plaine de Bourail. — La Néra ; sa gorge et son delta ; sa barre. — Rade de Bourail. — Nessadiou. — Gouaro. — Les montagnes du bassin de la Néra ; la chaîne centrale. — Marais, p. 7 à 13.

§ 2. — *Climat.* — Généralités sur le climat calédonien. — Particularités du climat de Bourail. — Rareté de la brise. — Variations de température. — Brouillards. — Inondations, p. 13 à 16.

§ 3. — *La campagne de Bourail.* — Les concessions ; leur aspect. — Fertilité des terres. — Cultures principales : maïs, haricots ; secondaires : canne à sucre (Usine sucrière de Bacouya), café, manioc. — Elevage des bœufs de boucherie, de la volaille. — Commerce d'œufs.
Village de Bourail, p. 16 à 24.

§ 4. — *Voies de communication.* — Chemin de Bourail à la mer ;

son importance ; travaux du tramway. — Chemin de Moindou à Bourail et de Bourail au cap Goulvain. — Ancien chemin de Houailou par la vallée de Ni ; nouvelle route de Houailou par la Pouéo et le Me-Bouegna. — Chemins vicinaux. — Pont de Bacouya. — Ligne télégraphique. — Téléphone de Bourail à l'embouchure de la Néra. Courriers postaux, p. 24 à 27.

CHAPITRE II

POPULATION. — COLONISATION PÉNALE

Population. — Ses diverses catégories. — Personnel libre d'une part ; de l'autre : transportés et leurs familles, p. 28 à 29.

§ 1. — *Transportés concessionnaires.* — Concessionnaires ruraux et urbains. — Mise en concession ; choix des concessionnaires. — Dépossession. — La mise en concession vaut mieux que la grâce. — Ressources du concessionnaire. — Revenus d'une concession.
Concessionnaires urbains, artisans ou commerçants, p. 29 à 37.

§ 2. — *Les ménages de Bourail.* — Femmes libres venues volontairement de France pour rejoindre leurs maris transportés. — Femmes condamnées ayant demandé à venir en Nouvelle-Calédonie pour retrouver leurs maris transportés. — Filles ou veuves condamnées ayant consenti à être transportées pour se marier en Calédonie. — Le Couvent. — Les mariages de Bourail, p. 37 à 44.

§ 3. — *Les enfants de Bourail.* — Les écoles ; leur insuffisance. — Nécessité de créer des écoles professionnelles, 44 à 49.

§ 4. — Transportés en cours de peine non concessionnaires ; leurs camps. — Libérés non concessionnaires.
Personnel libre ; il se renouvelle trop souvent et ne sert pas à la colonisation, p. 49 à 52.

§ 5. — *Coup-d'œil général sur la colonisation pénale à Bourail.* — La loi du 30 mai 1854 a été torturée. Fautes de l'administration pénitentiaire. — Son parti-pris de repousser la colonisation libre. — Sa faiblesse à l'égard des transportés concessionnaires. — Démoralisation de Bourail, 52 à 59.

CHAPITRE III.

PATHOLOGIE

§ 1. — *Salubrité du pays.* — Travaux d'hygiène indispensables à Bourail.

§ 2. — *Statistique médicale pour l'année 1884.* — Décès ; leurs causes. — Proportion excessive des morts violentes. — Grande mortalité des enfants au-dessous de l'âge de 2 ans. — Naissances, p. 62 à 64.

§ 3. — *Caractères généraux de la pathologie de Bourail.* — Jusqu'ici le paludisme n'a pas été observé ; les marais n'y sont pas fébrigènes. — Fréquence de la fièvre typhoïde. — Dysenterie. — Abcès du foie. — Ophthalmie contagieuse des pays chauds, très commune à Bourail. — Ulcères phagédéniques. — Tuberculose pulmonaire. — Maladies de misère, p. 64 à 70.

Un mot sur l'avenir de Bourail, p. 71 et 72.

NOTES

NOTE I. — Observations météorologiques, p. 73 et 74.
NOTE II. — Population de Bourail en 1885, p. 75.
NOTE III. — Mercuriale de Bourail en 1885, p. 76.
NOTE IV. — Sur les femmes de Bourail, p. 77.
Carte des environs de Bourail.

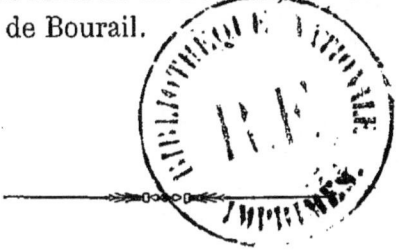

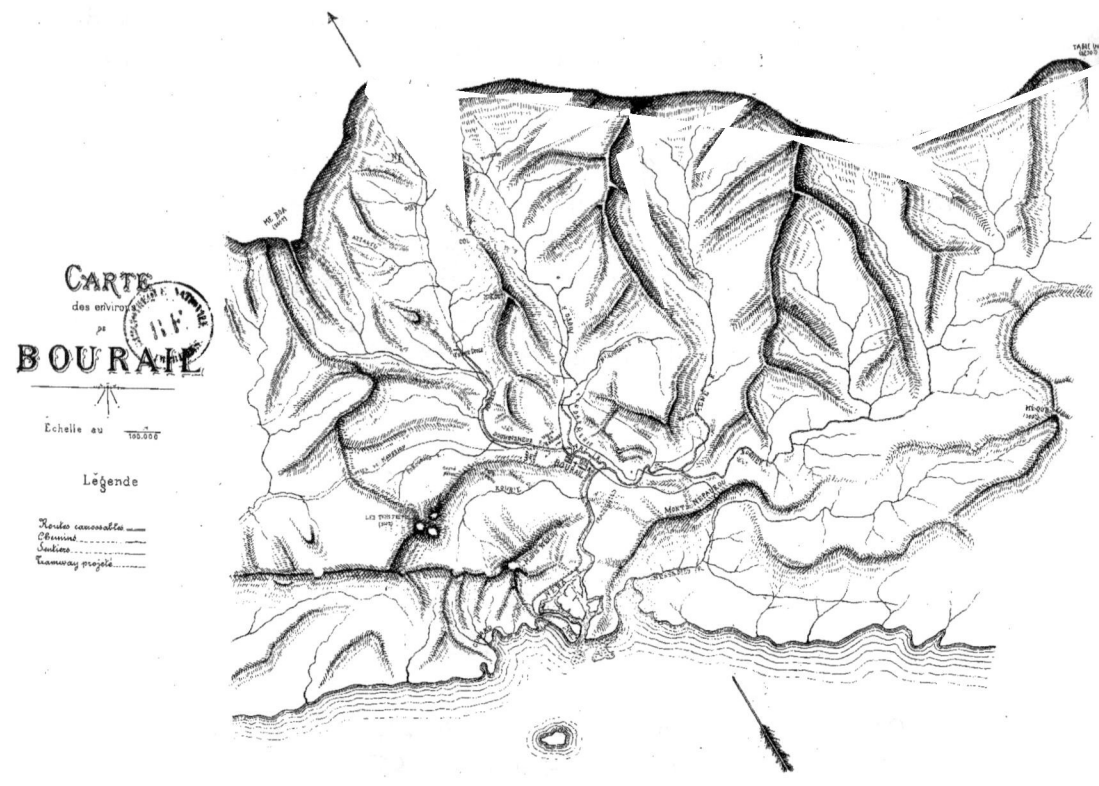

www.ingramcontent.com/pod-product-compliance
Lightning Source LLC
LaVergne TN
LVHW052059090426
835512LV00036B/1567